JN438681

서울 남자

서울 남자

송숙 수필집

수필과비평사

작가의 말

아닌 척, 때로는 그런 척하며 걸었습니다.

누구 한 사람이라도 페이지를 넘기며 고개를 끄덕여 준다면 저의 수필 사랑이 헛되지 않으리라 생각됩니다.

아무것도 묻지 않고 살기에는 삶이 만만한 게 아니었나 봅니다.

쉬었다가 느꼈다가 물었다가 그렇게 한 권의 책에 마침표를 찍었습니다.

그저 천천히 걷고 있지만 행복합니다.

2018년 새해 아침에

율리에서 송 숙

차례

1부
나무못

2부

꽃은 그냥 피지 않는다

3부

서울 남자

4부

열두 개의 방

5부

십자가 앞에서

1.

나무못

그릇

일이 잘 풀리지 않을 때는 느닷없이 조상 탓을 한다. 마음의 가벼움이 영혼의 무게보다 모자라기 때문일까. 영혼의 무게는 이십일 그램밖에 되지 않는다고 한다.

붙박이 공원에 가면 바위 같은 아버지의 영혼이 침묵으로 다가온다. 말을 하지 않는 바위는 내가 집으로 갈 때도 잡지 않고 내비게이션을 따라 오지도 않는다. 예전에 이곳에 오면 슬픔과 그리움이 일렁거렸다. 세월이 오고가다 보니 슬픈 시절도 갔는지 마음이 느긋해졌다.

세월은 나이만 채우는 게 아니라 공원의 빈터도 채워져 가고 있다는 걸 알았다. 아버지의 무덤에는 꽃이 피지 않는다. 꽃은 시들면 다시 피건만 생전에 드셨던 밥 그릇을 거꾸로 엎어 놓고 뚜껑을 덮은 그릇은 다시는 열 수 없는 아버지 그릇이다. 흙 안에 숨어 있는 아버지 그릇을 흔들

수 없지만 밥상에서 내밀었던 생선 가운데 토막은 옛사랑이 되어 눈에 밟힌다.

공원묘지에는 삶과 죽음의 통로가 있는 듯하다. 흐르고 흘러서 만나는 곳이 구천이라고 한다. 삶의 기운을 얻어 새 눈이 돋듯 살아야 한다. 살다보면 누구에게나 고비가 있다. 도망가지 않기 위해 다른 사람의 죽음 앞에서 살아야 할 이유를 주문처럼 되뇌인다.

눈이 작은 사연 많은 친구는 마음을 내려놓는 '하심'을 잘 하고 있다. 어쩌면 잔잔히 흘러보내는 강이 되어 큰 그릇으로 살고 있는지도 모를 일이다. 친구처럼 잔잔한 강이 되려면 나는 아직 멀었다. 슬픔이 묻어나는 절벽 위의 바위솔이 혼신의 힘을 다해 꽃을 피운 후 둥근 바위 위에 앉아 있다.

작가 오스카 와일드는 인간의 가장 큰 불행은 꿈을 이루지 못하는 것이고 또 하나는 꿈이 이루어져 버린 것이라고 했다. 친구는 행복이 무엇인지 아는 큰 그릇을 가졌다. 마치 3중 장애가 있는 헬렌 켈러가 행복하지 않았던 날은 단 하루도 없었다고 말한 것처럼. 도둑 맞기 싫은 바위를 그릇 속에 품고 시간의 그릇을 만든다. 한 잔의 차를 마실 때처럼 편안하다.

남편의 첫 소원은 아버님의 제사를 모시는 일이었다. 신혼 때부터 은연중에 제사 이야기를 종종 꺼냈다. 내가 하지 않으면 아무도 그럴 사람이 없다고 생각하면 편할 것 같았다.

반질반질한 제기를 구입했다. 사후에 드실 그릇을 만들어 놓은 조상님의 지혜는 허망하기도 하고 애틋해 보이기도 하다. 얼굴도 모르는 아버님께 나도 모르는 소리를 기도하듯 중얼거린다. 아이들이 커갈수록 빌고자 하는 소원도 많아졌다. 같은 계절, 같은 그릇에 밥상을 받고 계시는 아버님께 스스로에 대한 위안과 푸념을 제기祭器를 바라보며 늘어놓는다.

결혼한 다음 해에 아버님의 첫 제사를 모셨다. 제사를 모실수록 아버님과 상통하는 느낌이 들었다. 탕국 맛이 익숙할수록 제기에 정이 들었다. 일 년에 한 번씩 사랑 굿을 받고 있다. 재물 복보다 건강하게 살 복만 주시는 아버님의 사랑은 마음을 내리고 살아야 잘 사는 것이라고 며느리 그릇에 사랑 굿을 하고 계신다.

계절이 무작정 찾아오는 동안 피할 수 없는 것들도 함께 받아들이며 사는 것 같다. 열심히 살고 있는 존재를 그릇 위에 푸짐하게 올려놓지만 이내 사라지고 빈 그릇이 흔들리며 속이 복잡하다. 쓸모없는 것들을 퍼내어야 하지만 늘 채우고 싶어서 안달이 난다. 어차피 빈 그릇으로 갈 것을 채우려 한다. 이미 채워져 있는지도 모를 일이다. 두 아이의 엄마, 한 가정의 아내로 있다는 것만으로도 내 그릇은 채워져 있는 것이리라. 끝내 채우지 못하는 것은 욕심이 가져다준 스스로에 대한 빈 그릇이다. 산다는 것은 결국 채울 수 없는 것이고 버려야 하는 것이다. 다시 채우려면 깨끗하게 버려야 한다.

지하철 안에서 실성한 여자를 간혹 만난다. 히죽히죽 웃고 있다. 여자는 세상의 모든 것을 다 버리고 웃고 있는 듯했다. 예전에 어떤 그릇이었기에 금이 가버린 것일까. 기억의 저편에는 무엇이 있을까. 느닷없는 폭풍우를 맞았을 게다. 채우지 못한 아픔을 여자에게서 볼 수 있다. 다시 돌이킬 수 없는 조각난 퍼즐을 온전한 그릇으로 다시 구워낼 수는 없을까.

나는 어떤 모양과 색깔을 가진 그릇일까. 누구에게나 따뜻한 그릇이 되고 싶다. 속이 좁고 이기적인 그릇은 아닐는지. 늘 깨진 그릇을 다시 붙이려고 손가락이 아프고 다른 그릇과 동행하지 않은 채 혼자만 설거지통에서 바쁘게 빠져 나가고 싶어 하는 분주하고 시끄럽게 소리 내는 그릇인지도 모른다. 비록 작은 그릇일지라도 속이 넘쳐 나눠 가지고 또 다시 틈 하나 만들어 채워가는 그릇이 되고 싶다. 그래야만 될 것 같다.

제기를 챙길 날이 다시 돌아온다.

구순 엄마

장남에 대한 집착과 그리움을 지우개로 지우려 했다. 그 가슴 속을 파내기에는 내 가슴이 더 아팠다. 요즘은 사정에 따라 형제 순서를 따지지 않고 부모를 모시고 산다. 오빠에 대한 원망이 나 자신에 대한 짜증이 되었고, 때로는 엄마를 바라보며 짜증을 내는 바보일 때가 더러 있다.

너무 오래 산다고 딸인 나는 죄책감 섞인 목소리로 말한다. 난 오래 살기 싫다고 하면서도 지는 꽃잎 보면서 어느덧 건강식품에 눈길을 주고 있다.

둘째 오빠가 엄마를 모시다가 결국 막내 오빠가 엄마를 모시고 간 지 얼마 되지 않았고 난 안도의 한숨을 쉬고 있는 효성이라곤 전혀 없는 딸에 불과하다.

엄마를 치유해 주지도 못하면서, 어떤 상처를 주고 있는

지도 모른 채 사는 게 뭐가 그리 중요한지도 모르면서 살고 있다.

엄마를 며칠째 모시고 있었다. 저녁밥을 먹는데 엄마가 갑자기 어리광 섞인 목소리로 '우리 엄마가 보고 싶어.' 하는 거였다. 그 순간 아, 아흔넷의 엄마에게도 엄마가 계셨구나, 눈물이 핑 돌았다. 남편도 눈시울이 뜨거워졌다.

한때 나의 치유는 엄마였다. 많은 세월이 지나도록 그걸 잊고 있었다. 우리 엄마의 치유는 엄마의 엄마였던 게다. 몰랐었다. 엄마에게도 엄마가 있었다는 것을….

엄마가 엄마를 부르며 달려가는 어린 소녀의 모습이 보인다. 엄마에게 엄마가 필요했다. 마음대로 갈 수 없는 장남 집 대신 엄마의 집이 그리웠던 것이다.

나만 보면 자꾸 이 자식, 저 자식 집에 데려다 달라고 보채었지만 엄마의 바퀴를 내가 먼저 빼 버리곤 했다. 엄마는 그 대신 가슴에 묻어두고 그리워했던 엄마를 찾아 바퀴를 돌렸는지 모른다. 엄마가 계시고 싶은 곳이 아니라, 할 수 없이 머무는 곳이 집이 된 것이다.

엄마의 밀물에는 무엇을 담고 있을까. 지난날 자식에게 더 잘해 주지 못한 아쉬움이 있을까. 아기의 젖비린내를 가슴팍에 품고 그리워하고 있을까. 무릎팍이 깨어졌을 때

발라 주었던 빨간약을 떠올리고 있을까. 아흔넷의 엄마에게는 열 살배기였을 때의 엄마가 자라지 않고 정지되어 있는지도 모른다. 엄마가 보고 싶어 그리움의 밀물을 담고 있는지도 모르겠다. 언젠가는 엄마의 그리움이 나의 그리움이 되겠지. 이제 고인돌이나 다름없는 엄마는 말을 하고 있는 것 같지만 엄마의 말이 아닌 자식의 말로 지켜내고 있다.

부처님 오신 날, 신작로를 따라 언덕길을 올라가셨던 모습이 떠오른다. 아마도 몇 만 원짜리 등을 미리 달아 놓았을 테니까. 나는 그때의 사월을 잊고 산 지 오래되었고 지금은 엄마의 늙음만 눈에 들어온다.

엄마의 뿌리를 백지로 만들고, 시대를 탓하며 몇 호라고 적힌 병원을 마지막 집으로 안기며 언젠가는 익숙하게 살 것이다. 한곳에 정지시켜 놓은 엄마의 바퀴가 자식들이 잘 돌아가며 사는 바퀴가 되는 거라며 딸인 내가 대신해서 말해 주어야 한다. 엄마는 그때는 지금처럼 자꾸 돌려 달라고 보채지 않고 바퀴 대신 입을 다물며 더욱더 엄마의 엄마를 그리워하며 찾을 것만 같다.

막내 오빠가 엄마를 모시고 가기 전, 오빠랑 둘이 솥발산 공원묘지에 아버지를 만나러 갔다. 두 막내가 아버지를 만나러 간 건 처음이라 서로 말은 하지 않았지만 침묵 속에 그리움과 삶에 대한 힘겨움을 토해내고 있었다. 아버지 옆에 비어 있는 엄마의 빈자리를 보며 삶과 죽음을 생각했다.

보고 싶어도 다시 볼 수 없는 뿌리가 아니던가!

구순 엄마의 그리움이 나의 그리움으로 돌아올 날이 있을 것이니.

나무못

어쩔 수 없이 스스로 미운 날이 더러 있다. 구질구질한 모습이 빈 지게에 앉아 있다. 마흔의 끝자락이 아슬아슬하다. 갈채를 받을 수 없는 것을 거머쥐고 있었던 과욕이었는지도 모를 일이다.

잘 산다는 것은 평범하게 사는 것이다. 아무 일도 일어나지 않아야 가족사진이 그대로 벽에서 숨을 쉬고 있는 게 아닐까. 이런 생각들이 들 때면 갑자기 철이라도 든 듯 야무지게 박으려고 했던 못을 조금은 느슨하게 빈틈을 남겨 둔다.

여유 있게 뚫어야 나무의 수축 시 벌어짐이 없다. 구멍의 깊이는 나무못이 들어갈 길이보다 여유가 있어야 한다. 여유가 있다는 것은 세상과의 인연을 남겨 두는 것이다.

입관을 할 때 나무못을 박는다. 생명이 끝나는 것이지 인연이 끝나는 것이 아니라서 나무못을 박는다. 쇠못을 박는 것보다는 부드럽고 소리가 나지 않으니 그 틈 사이로 이승을 다녀가는 혼이 수월하다.

상판을 고정시킬 때 겉에서 보이지 않게 나무못을 박는다. 나무의 빈 구멍을 메울 때도 나무못을 사용하여 폼 나게 한다.

나를 진정시킬 때 나무못이 필요하다. 가만히 앉아 있는데도 눈물이 나는 날이면 나무못이 박힌다. 그래도 조금은 덜 아프고 여유가 있기에 못을 빼기가 쉽다.

아들만 있으면 노후에는 아무 걱정이 없을 거라고 옛날 사람들은 생각했던 것 같다. 우리 엄마도 아들을 네 명이나 낳았다. 아들의 효능은 구물구물한 화투장처럼 엄마 곁을 맴돌았다. 아흔이 넘은 노모는 얼마 전 둘째 아들 집에 정착을 하셨다. 너무 늙어서 혼자 산다는 것은 고독보다 더 고독한 무엇이다. 엄마는 시시때때로 가슴에 못 박힌 이야기를 하신다. 낮에 혼자 지내시기가 심심하고 갑갑하다며 자식들이 돌아가며 며칠씩 나를 데려가 달라고 애처로운 눈으로 딸에게 당부하신다. 어느 자식한테 먼저 데려다 드릴까요 하니 큰아들 이름을 먼저 말씀하신다. 엄마에게 큰아들은 나무못이다. 누가 무슨 말을 하든 어떤 상황이 와도 꽉 닫지 않고 나무못을 박아 놓고 계시는 게다. 목구멍에서 내 구석진 가슴에서 물꼬가 트이지 않는다. 엄마는 큰아들이 서운하다 하면서도 도대체 미워할 수 없는 가장 경치 좋은 산처럼 오르고 싶어 한다. 자식들이 무엇을 안다고 할 수 있을까. 그 자식들 또한 자식을 두고 있으면서도 모르는 게 또 자식들의 아이러니다.

엄마한테서 신음소리가 자꾸 들린다. 낮에 혼자 계실 수밖에 없는 현실이다. 지겨워서 못 살겠다고 만만한 딸에게 지겹도록 말하고 계시는 우리 엄마. 난 뭘 하고 있는 것일까. 엄마는 내 가슴 한편에 나무못을 박는다. 어느새 나와 엄마는 나무못이 되어 있다.

마흔이 넘어서 낳은 딸과 마흔의 끝자락에 서 있는 딸이 엄마를 쳐다본다. 때로는 엄마를 향해 속으로 못된 생각을 가진다. 나 자신한테 놀라서 급하게 이 마음을 혼내기도 한다.

물건은 잃어버리면 또 사면 그뿐이지만 엄마는 잃어버리면 살 수가 없다. 고마워해야 하는데, 시간이 없는데도 우리는 시간을 잡지 못하고 있다.

나무못은 쇠못보다는 단단하지 않는 것처럼 보일 수도 있다. 비틀린 문은 나사못을 빼고 목심을 망치로 쳐서 메운 다음에 나사를 다시 박는다. 대나무로 만든 목심은 단단하다. 대나무가 나무못이 된다. 세상 모든 부모는 대나무 같은 나무못이 되어 주기도 한다. 부족한 틈을 채워 주기도 하고 너무 채워서 숨을 못 쉴까봐 느슨하게 나무못으로 있어주었다. 천장이 되었다가 마룻바닥이 되었다가 물끄러미 계신다.

사는 게 힘들다고 느끼며 절망에 놓일 때면 엄마와 나의 인연을 연결해주는 나무못이 보이지 않는 촛불이 되어 타고 있다.

너

너는 복잡한 슬픔이다. 다가갈수록 저만치 있고 때가 되어야 나를 찾아올 것 같은 너를 세상 안에서 갈망한다. 너는 스스로 와야 하고 나의 기다림은 부자유스럽다. 너를 달라지게 하기 위해서는 내가 달라져야 하고 너를 누리기 위해서는 합당한 사람이 되어 건강한 주인이 되어야 한다.

네가 없을 때 너의 중요성을 부인할 수 없다. 불만을 가지면 불행의 문 앞에서 서성거리게 된다. 네가 담 넘어 나가면 있었던 사랑도 행복도 따라 떠나고 네가 담 넘어 들어오면 없었던 사랑도 행복도 따라 들어온다고 말들 하지. 너에게 움츠려 들지 않고 자신 있게 살기 위해서 따지지 않고, 행복의 조건을 너에게 맞추지 않을 것이다.

너 때문에 기러기 아빠는 고독하기도 하고 자살을 시도

하기도 한다. 예전에 엄마에게 너를 달라고 하면 죽고 싶어도 네가 없어 못 죽는다고 했던 것 같다. 너는 고통이고 번뇌이다. 네가 받침대가 되어 준다면 세상을 쉽게 살아갈 수 있지만 그렇지 못하면 비탄에 잠긴다.

행복의 비결은 너를 많이 가지고 있는 게 아니라 필요할 만큼 가지고 불필요한 것은 떼어내어야 더 행복해질 수 있다고 한다. 가로수에 달린 은행과 친하다면 흔들어서 털어 보겠지만 그곳에 없다. 빨간 지갑을 사면 네가 잘 따라 다닌다고 해서 시키는 대로 해보았지만 아무 소용이 없었다. 분명 내 잘못이 아니었다.

토스트기처럼 시간을 맞추어 놓으면 "톡" 하고 솟아올라 왔으면 좋겠다. 때가 되어야 올 모양이다. 있다가도 없는 너를 기다리며 짝사랑한다. 사랑은 할 때마다 첫사랑이라고 한다. 너를 만날 때마다 꼭 그러하다.

너는 곡선이다. 빤히 보이다가 보이지 않고 선 안에 갇혀서 숨었다가 내보이기 때문에 살맛 나게 한다. 다 볼 수 있는 직선이라면 재미없을 것이다.

가진 자들은 너를 위해 살지 않지만 가진 자가 되지 못하는 사람은 있는 것마저 잃을까 봐 조바심한다. 인간의 내면은 자기다운 삶을 살고 싶지만 너 때문에 자기답지 않는 비겁함이 있고 가치관이 변화되어 속이 아프다. 모순을 이해하듯 너를 이해할 수 있을 때 고마워할 수도 있다. 가진 자들이 너로 인하여 더 가난하게 살 수 있고 더 가진 게 끔찍 할 수도 있다. 끔찍할 만큼 나는 가지고 싶지 않지만 삶의 긍정이 통과할 만큼 가지고 싶다. 종이 한 장 차이로 여러 사람들이 너에게 매달리고 부대낀다.

중요한 것은 너로 인한 깨달음이다. 비교하지 않으면 적자는 아니다. 정말 대단하면서도 대단하지 않는 너니까 홀가분하게 살 필요가 있다.

너를 자유롭게 입 · 출금하듯 내 영혼도 그러했으면 싶다. 누군가 비슷한 말을 했었다. 사람에 대한 배려와 사랑도 비밀번호 없이 듬뿍 찾아 쓰고, 미움이나 아픈 기억들은 계좌번호 없이 적립시켜 숨겨 놓았으면 싶다고.

내 인생에 앞으로 남아 있는 너는 얼마나 될까? 남에게 주고 가야 할 거스름은 또 얼마나 될까?

너는 내 삶에 밑줄을 치게 한다.

너보다 더 신비로운 건 사랑이다. 나의 의지와는 무관하게 찾아오기도 하고 생명을 살리기도 한다. 사랑이 머무는 곳에는 형언할 수 없는 온유함 때문에 가슴이 벅차다. 사랑이 충만하다면 용서도 할 수도 있고 미움이 잠시 머물렀다가 물러나기도 하지.

톨스토이는 인간은 사랑에 의해 살아간다고 했다. 사람은 무엇으로 사는가 결국 사랑이 있기 때문이다.

사랑은 약속이다. 너 때문에 한 남자의 아내가 되었고 두 아이의 엄마가 되었다. 세월이 나의 의지와는 다르게 너를 희미하게 잡고 있는 것 같지만 결국은 너 안에 보이지 않게 있는 것이다. 너로 인하여 노래가 있고 드라마가 있고 울고 웃는다.

사랑은 삶의 완성이다. 타인의 삶을 바꿔 놓을 수 있는 세상의 빛이다. 너를 제대로 알아야 남에게도 줄 수 있다. 문제만 없다면 많이 가질수록 적자는 아니다. 산다는 것은 너를 완성해 가며 남기는 것이다.

내가 세상을 떠난 후 방명록에 이렇게 기록 되었으면 싶다.

'당신을 사랑했었습니다. 고맙습니다.'

밑줄 치게 하고 밑줄 그어야 하는 것들 때문에 꿈을 꾼다.

부동산과 인생

부동산과 인생은 떼어 놓을 수 없다. 삶의 전부를 걸다시피 한 곳이 집이기 때문이다. 유달리 집에 집착하는 게 우리들인 것 같다. 기성세대일수록 인생 목표인 집 한 채 마련하기 위해 덜 입고 덜 먹고 살았다고 말해도 무리는 아닌 듯싶다.

현금보다는 내핍 생활을 하면서 부동산을 사들이는 사람이 더러 있다. 그러면서 돈이 없다고 부자가 아닌 척 아끼며 현금 쓰는 사람에게 부자라고 부러워한다. 병인 줄도 모르고 앓고 있는 게 부동산 중독이다.

집은 나와 내 가족이 편안하게 쉬는 곳이고 인생의 버팀목이었기에 고마운 곳이다.

풍조가 달라지고 있다. 부동산에 대한 인식이 변화되고 있다. 집에 대한 집착보다는 시간과 돈에 현실적 삶의 가치를 둔다. 하지만 노령화와 핵가족화로 인구문제가 오히려 집값 상승을 가져왔다. 부동산 정책이 어떻게 변화될지 궁금해진다.

진정한 부동산은 사람이어야 한다. 뒤통수치지 않고 진정성 있게 현실을 선하게 살아가는 움직이지 않는 마음이 있어야 한다. 변화하며 사는 것과 움직이는 것과는 다르다. 변화 속에는 꿈이 있지만 움직이는 것에는 변덕이 숨어 있을 것만 같다.

부동산이 많다고 얼굴이 밝은 게 아니다. 내려놓을 줄 아는 사람의 얼굴에 좋은 심상이 새겨져 있는 걸 보았다. 하지만 가진 자가 덜 가진 자를 보고 스스로 가난하다고 말하는 사람은 더 가지지 못해서 안달하는 냄새를 피우는 것 같아 민망스럽다.

죽는 날까지 놓지 못하고 사는 게 집에 대한 집착이다. 자식 결혼 시킬 때에도 집이 우선이고, 배우자 중 혼자 남아 병들게 들면 어느 집에 들어갈지 고민에 빠지게 되고 죽은 후에 살 집도 생각해 두어야 한다.

집은 소중하다. 어떤 모양새를 갖추었던, 없어서는 안 되는 게 집이다. 집이 어떤 소리를 내며 내 곁에 있든 인생은 집의 고마움과 그 무게에 묻혀 산다.

전셋집을 내 집이라고 하지 않는 것은 집에도 주인과 손님이 있어 보이지 않는 약속이 있는 모양이다. 거주지가 없는 노숙자들도 마지막까지 돌아가고 싶은 곳은 집일 게다. 인생에 있어서 집은 끊을 수 없는 순연이다.

내 경우 집 한 채 있는 부동산에 은행 이자까지 내고 있지만 고마울 뿐이다. 바득바득 살아도 내게 돌아오는 것은 고작 집 한 채다. 잘 사는 것은 복잡한 생각으로 왈가불가하는 게 아니다. 마음의 중심이 어디에 있는가에 따라 다를 뿐이다.

내가 혹 태평가를 부르고 있지는 않은가 하는 생각도 든다.

부용동 2가 93번지

엄마의 집 앞에는 까마득한 계단이 있었다. 집 앞에서 다시 스무 칸 정도 올라가다 보면 신작로가 나온다. 오랜 세월을 오르내리며 살았다.

초등학교 때 동네 아이들은 집으로 오는 길에 계단 첫머리 앞에서 가위바위보를 했었다. 계단의 지루함을 칸을 세어 놀면서 올라갔다. 화장실이 급할 때에는 두 칸씩 멈추지 않고, 숨을 허덕이며 뛰어올랐다. 넓어졌다, 좁아졌다, 높았다가 낮았다가, 다양한 모양을 가진 계단이다. 중 · 고등학생이 되어서는 제법 의젓하게 계단을 오르고 내렸다. 계단 때문에 힘들어서 학교에 가지 않겠다고 떼를 쓰는 동네 또래들은 아무도 없었다. 당연히 가야 하는 길이라는 것을 어렸지만 아이들은 알고 있었다.

몇 살쯤인지 기억이 잘 나지 않지만 발을 헛디뎌 계단에서 데굴데굴 굴러 떨어졌다. 나를 따라 굴러가며, 잡아 줄 수 없는 일이기에 보는 사람이 "아이고 어떻게…." 하는 소리와 함께 가만히 있는 멀쩡한 남의 집 대문 앞에다 머리를 박았다. 굴러가면서 내 생각도 굴러갔다. '죽는 게 아닌가….' 하고. 금방 머리에 혹이 나고 피가 났다. 굴러간 만큼 다시 올라오면 머리카락 사이로 가루 약이나 빨간약이 발라졌고, 물 한 그릇을 먹은 게 놀란 가슴을 채우는 거였다. 그뿐이었다. 동네 아줌마들은 열 살까지는 삼신 할매가 돌봐줘서 죽지 않는다고 믿고 있었다. 엄마도 그런 생각을 했을 것이다. 그 후로 계단은 조심하지 않으면 나만 서럽고 아프다는 것을 알았고, 두 번 다시는 그렇게 내려가야 할 일이 아니라는 것도 알았다. 동네아이들은 재수가 좋으면 계단에서 넘어졌고, 재수가 나쁘면 데굴데굴 굴러갔다. 그렇게 계단과 함께 키가 자랐다.

계단이 고마울 때도 있었다. 연애시절에 두 사람이 계단을 오르면 시간은 빨리 갔었다. 계단 중간쯤 되어서 나는 그만 내려가라고 재촉했고, 남자는 나머지 계단을 혼자 올라가야 하는 여자를 배려해서 한 칸이라도 더 가려고 했었다. 나는 혼자 내려가야 하는 남자에게 미안했지만 사랑이 채워졌다.

계단 중간쯤에 우물 있는 집이 있다. 그 무렵 집에 수도가 없었다. 하루에 몇 번이고 양동이에 물을 이고 엄마는 계단을 오르셨다. 부뚜막 옆 큰 항아리에 물을 채우는 일은 아침에 눈 뜨면 하는 일이었다. 항아리 배가 불러야 엄마도 배가 불렀다. 가족의 얼굴이고 옷이고, 입이다. 만삭이 되어서도 몸을 풀고 나서도 곧바로 해야 할 일은 계단을 오르는 일이었다. 엄마에게 계단은 청춘을 함께한 길이다.

신작로에는 버스가 다니지 않았다. 청소차가 때 맞춰서 왔었다. "새벽종이 울렸네 새아침이 밝았네 너도나도 일어나…." 새마을 노래가 울려 퍼지고, 청소부아저씨가 손바닥만한 종을 들고 골목마다 흔들며 청소차가 도착했다는 것을 알렸다. 집집마다 고무 쓰레기통을 들고 신작로에 세워진 청소차에 가서 두 줄을 섰다. 나도 가끔 쓰레기 비우는 일을 했었다. 서 있는 줄이 청소차랑 가까워진다는 것을 알 수 있는 것은 발로 쓰레기통을 건드려서 앞사람을 따라 옮기는 일이다. 청소차 뒤를 따라가는 것은 쓰레기통을 비우는 사람만이 아니었다. 채소나 과일 생선 차들도 따라와서 그들이 싣고 온 물건들도 비웠다. 동네 어른들은 쓰레기만 버리고 가지 않았다. 무엇인가를 한두 가지씩 봉

투에 담았고 신작로 한쪽에 자리 잡고 앉아서 어제저녁 누구 집이 시끄러웠는지, 오늘은 무슨 반찬을 해서 먹을 건지 한참을 이야기하다 빈 쓰레기통과 함께 궁금증을 비우고 내려왔다.

봄과 가을이 되면 동네 어른들은 소풍을 다녀왔다. 뒤풀이를 하는 곳은 계단 가까운 신작로였다. 밤이 늦도록 장구와 꽹과리 소리가 났었다. 이날은 동네가 밝았다. 덩실덩실 양팔을 벌려 춤을 추셨다. "노세 노세 젊어서 노세 늙어지면 못 노나니 얼씨구 절씨구 차차차…." 아직도 지워지지 않는 노랫가락이다. 노는 것이 비우는 일이었다. 어른들이 웃으니 나도 덩실거리며 좋았다. 가끔씩 신작로에는 영구차가 세워져 있고 곡소리가 들렸다. 젊어서 놀다 가시는 길이다. 왜 젊어서 놀아야 하는지 지금은 어렴풋이 알 것 같다.

신작로가 조용하다. 내가 보았던 차들이 보이지 않는다. 덩실덩실 춤을 추었던 어른들은 거의 세상을 떠나셨다. 나를 피나게 했던 계단도 엄마에게 덩실덩실 춤을 추게 했던 신작로는 재개발과 함께 사라질 것이다.

내가 결혼이라는 이유를 달고 동네를 떠났듯이 엄마도 떠나시고 안 계신다. 높고 가파른 계단과 평평하게 쭉 뻗은 신작로 사이에서 엄마와 나는 닮았다. 데굴데굴 굴러갔던 머리와, 양동이를 이고 오르셨던 머리가 닮았다. 장구와 꽹과리 소리를 다시 들을 수 없어서 닮았다.

부용동 2가 93번지, 주소를 잊을 수 없다.

시월의 마지막 밤

밥 두 그릇을 먹어도 배가 부르지 않았다. 채운다는 것은 밥이 아니다. 마음이 먼저 추운 초겨울이 무수한 기억들로 찔리게 하는 날들이다. 나보다 이쁜 그녀가 스마트 폰 사진첩에 우두커니 있다.

청춘을 돌려 달라고 가끔 노랫말을 흥얼거리기도 했지만 가는 청춘을 잡지 못했다. 그녀가 떠나는 날 시월의 마지막 밤이 지나가고 있다. 더 이상 낭만이 될 수 없는 이별은 괴로움이었고 후회의 심장소리가 급하게 뛰었다.

딸과 엄마로 불렀던 목소리가 오십 년 넘는 세월을 스물한 마디, 마디마디일 때, 나의 그리움이 함께 묶어졌다. 엄마의 엄마가 보고 싶다고 했던 엄마는 때를 놓친 사람처럼 가버렸다.

엄마가 떠나신 후 눈물이 잦아졌다. 내 생일날 감사하다는 말 한마디도 한 적이 없었고 뜨겁게 안아 준 적도 없었고, 그 흔한 사랑한다는 말도 한 적이 없었다는 것을 뒤늦게 알았다. 목소리만이라도 녹음해 둘 걸 하는 생각이 잠결에도 문득 들어오곤 했다.

오랫동안 허리춤에 차고 있던, 때 묻은 주머니는 엄마의 힘이었다. 응급실에서도 내 주머니 어디 있냐고 그것마저 도망갈까 봐 정신을 놓지 않았다. 주머니 속에는 색이 바랜 주민등록증과 만 원짜리 지폐 몇 장이 전부였다.

자식은 도망자인지도 모른다. 눈앞에서 보이지 않는 순간부터 허리에 차고 있는 주머니보다 더 공허한 생각이 드는 존재가 아닐는지. 속으면서도 자식이기에 미련을 버리지 못하고 의지하고 싶어 했던 아흔넷의 엄마. 시월의 마지막 밤이 아주 좋은, 낭만적인 날인 줄 알고 사라진 것 같다.

엄마를 산에 묻고 돌아오는 등 뒤로 미련을 버리고 살라고, 이제 엄마를 잊고 비워야 된다고, 내 숨 안에 동굴이 되어 덮인다. 누군가가 엄마 이야기를 하는데 순간 눈시울이 뜨거워졌다. 부를 엄마가 없다는 게 슬픈 울음이 되었다. 바람이 세차게 부는 날이면 엄마에 대한 미련이 더 심하게 불어온다.

이제야 안다. 엄마에게 기대고 있었다는 것을. 빨간약을 언제든지 발라 달라고 말하고 싶어 했다는 것을. 떠난 후에는 기적이 없다는 것을 모르는 못난 딸이었다.

엄마가 아들들에 대한 서운함을 하소연할 때 정말 듣기 싫어 소리를 지르곤 했었다. 그건 나에 대한 고통스런 메아리였고 오빠들에 대한 나만의 아우성이었다. 난 엄마에게 제대로 응답하는 딸이 아니었다. 딸의 필요성을 망각한 채 '얼쑤' 하며 추임새를 제때 넣지 못했다.

엄마가 떠나신 후 거의 한 달 동안 꿈속에서 만났다. 우울한 모습이었고 슬프게 꿈자리에서 일어났다. 남편과 산소를 찾아갔다. 엄마가 누워 있는 자리를 보자 엉엉 소리내어 울고 싶었지만 그때 알았다. 울음도 박자 맞출 사람이 있어야 한다는 것을. 장례식장에서도 소리내어 울지 못했다. 딸이 나 혼자라 소리 내어 운다는 게 싱거웠다.

딸 형제가 있는 여인들은 내 맘을 알까 싶다. 어느 우울한 추운 날이었다. 방에 문을 잠그고 한참을 소리내어 어린아이처럼 엄마를 부르며 울었다. 가두어 두었던 눈물이 모녀의 이별가가 되었다.

흔히 너무 오래 살면 문제라고 그래서 자식이 아쉬워할 때 떠나야 된다고 말한다. 죽음에 대해 연구하는 어느 수필가는 죽음은 나쁜 게 아니라고 했다. 지금 이 순간도 죽음은 흘러가고 있어 삶과 죽음은 하나라고 외면해선 안 된다고 드러내었다.

이제 죽음을 의식하지 않는 성숙한 인간으로 질 좋은 삶을 순간순간 살리라!

무수한 생명들이 내 옆에 있지 않은가. 슬픔을 깨고 총총히 마음 찾기를 한다. 인생 졸업식을 마친 엄마는 잘 쉬고 있으리라. 이제는 기다림과 멀어져 버린 엄마. 봄이 오면 당신이 좋아하는 안개꽃 한 다발 안고 다시 찾아갈 것이다. 내 아이들과 수다를 떨며 엄마의 그리움을 곁에 두고 몰래 봄을 기다린다.

연하의 남자

무뚝뚝한 그가 자꾸 보고 싶어진다. 나의 기적 소리를 담아 카톡을 보내도 항상 느리게 돌아오는 답장은 밋밋하다. 네, 아니오가 대답인 그는 재미없는 사람이다. 가끔은 내가 잠든 사이 긴 문장의 메시지를 보내 놓고서는 시치미를 뗀 적도 있다.

짝사랑을 하는 것은 예전이나 지금이나 쓸쓸하다. 여고 시절에 선생님을 짝사랑해서 몸살을 앓았던 적이 있다. 그저 바라만 보아도 행복하고 설레곤 했다. 노총각 선생님이 결혼한다는 소식을 접했을 때 가슴이 쿵 내려 앉아 배신감마저 들기도 했었다.

어쩌면 짝사랑은 초라하기도 하고 혼자 버릴 수 있어서 편안하기도 하다. 사랑은 묻지 않는다. 어떻게 사랑을 하든 사랑할 수밖에 없었다면 할 수 없는 일이다. 사랑에 죽고 사는 문제는 인류가 존재하고 있는 한 흔들리며 갈 것이다.

요즘은 불륜이 담담하게 사회에 자리잡고 있다. 불륜도 사랑이라 할 수 있을까. 떳떳하지 못한 사랑을 사랑이라 한다면 또 다른 사랑이라는 신조어를 사전에 올려야 되지 않을까 싶다.

사랑은 청춘만큼 아름답다. 부드럽고 맑게 느껴진다. 사랑은 식어도 그 자리에 흔적이 남는다. 사랑이 끝났다고 해놓고 사랑은 다시 찾아오기도 한다. 늙으면 사랑 같은 거 할 줄 모르는 줄 알았다. 노년의 사랑은 저녁노을처럼 아름다울 수도 있겠다. 녹록한 고운 말일 수도 있겠다.

중년의 사랑, 그 무뚝뚝한 침묵 때문에 요즘 쓸쓸하다. 그의 몸짓 하나 그립다. 어느 날 멋있게 약간의 미련을 남긴 채 인천으로 가버렸다. 한 달에 한 번 와서는 장롱만 비우고 체취 묻은 옷가지만 남기고 무소식이 희소식이니 이따위 말만 남긴다. 연하의 남자만 아니었다면 내가 먼저 수백 번 투정부리고 어리광을 부렸을 성싶다. 원래 남자는 말이 없어야 한다는 걸 알고 있는 것 같다. 낯선 곳에서 입술 깨물고 소리 없이 살고 있으니 나의 기다림도 침묵 속에 있다.

연하의 남자가 사진첩에서 사탕을 물고 있다. 더 어릴 적 연하의 남자다. 그때는 내가 눈치를 보지 않고 그가 내 말을 들으며 옆에 있었는데 지금은 내가 눈치를 보며 말을 건네야 한다. 듣기 싫은 말도 가려 해야 되고 짝사랑하고 있는 내 마음도 들키고 싶지 않다.

며칠 후 온다고 연락이 왔다. 삼 일만 있다가 가야 된다고 벌써 시간표를 내게 주며 아쉬움을 조절해서 쓰라고 말한다. 더 어린 연하였을 때는 내 마음대로 주무를 수 있는 내 것이었는데 이제는 내 것이 아니다.

그리움에도 무게가 있다. 그의 무게가 커졌기 때문에 내 그리움의 무게는 낮춰야 한다. 연하의 남자 카톡에는 여자 친구와 나란히 정답게 있다. 나의 카톡에는 나의 별이라고, 아직도 별이 뜨고 있다. 아들은 그냥 가슴에만 있어도 좋다. 변해 가는 것은 이것뿐인 게 아니다.

그 사람 1

비는 새벽부터 내렸는지 모른다. 가지 않으면 서운해 할 거라는 생각이 아침에 눈을 뜨자 마음을 어수선하게 했다. 밥 한 번 먹자고 언제나 말했던 사람, 형편이 되면 네가 필요한 거 한 가지 해주고 싶다고 했던 그 사람이 순서를 기다리며 그곳에 있다. 그가 있는 곳으로 향했다. 택시 안에서 보는 가로수는 눈가에 조금씩 묻어나는 물기 때문에 흐리게 지나간다.

삼십 년 세월 가깝게 그 사람에게 나는 송 양이라는 호칭으로 불렸다. 스물두 살 처녀 때 같은 회사 안에서 인연이 되었다. 친오빠와 같은 나이라 서로가 반말을 해가며 편안하게 지낸 사이였다. 남편도 그의 아내도 인정해 주는 관계이다 보니 오랜 세월 인연이 이어졌다. 보고 싶다는 말도 편안하게 하는 사람에게 나는 핀잔을 항상 주었다. 잘

보지 못해도 언젠가 마음만 먹으면 밥 먹을 수 있는 사람이 그 사람이었다. 전화 목소리로 가족의 안부를 묻고 푸념을 늘어놓아도 흉이 되지 않는 인연이 좋았다.

좀 더 빨리 서둘러 왔어야 했는데 그 사람의 마지막 흔적이 불 속에서 타고 있는 중이었다. 가을비를 따라 그 사람이 사라졌다. 밥 한 번 먹자고 했던 그 사람이 오늘은 나에게 혼자 술을 먹게 했다.

만남이라는 인연은 이별이라는 종착점을 왜 미리 일러주지 않는 것일까. 누구나 복잡하게 인생을 살아가면서 죽을 때는 몇 시간 안에 정말 간단하게 정리가 되었다. 살면서 정리 정돈이 되지 않았던 그 사람. 이제는 종착역에서 쉬고 있다. 아주 편하게, 가볍게.

추모공원에 있는 서랍들은 똑같이 생겼다. 명함만 다르고 찾아오는 사람들만 다를 뿐이다. 어쩌면 나도 거기에 언젠가는 있게 될지도 모른다. 살아서 미워하고 다투었던 사람이 내 옆에 옹기종기 모여 있을지도 모르는 일이다.

산 사람은 산다고 흔히 말한다. 맞는 말이다. 그의 아내한테서 전화가 왔다. 아직도 무슨 일인가 싶다며 긴 한숨을 뱉는다. 그래도 살 수 있다는 걸 안다. 위로보다는 힘을 주어야 하는 게 살아있는 사람끼리의 예의이다.

어제까지 알았던 사람을 오늘은 지워야 하는 게 인생이다. 오늘 참 괜찮다고 여겼던 사람이 내일은 싫어질 수도 있다. 하루하루 특별한 날처럼 사는 게 제몫을 다하며 사는 것이리라. 특별한 날이 있는 것처럼 그 사람에게 밥 먹자 소리를 먼저 하지 못했다. 그 사람이 떠난 날이 특별한 날이 되어 버렸다. 밥 먹자는 말, 보고 싶다는 말은 우리가 살아가면서 말로 표현할 수 있는 사람냄새이다. 빈자리가 생기고서야 존재의 힘이 소중하다는 걸 알게 되었다.

어느 시인의 노래가 맴돈다. "살아서 술을 좋아했던 사람 죽어서 바다에 취하라고 섬 꼭대기에 묻었다. 술에 취한 섬 물을 베고 잔다." 술을 좋아했던 그 사람은 못다 먹은 술 때문에 죽어서 보리밭 언덕에서 서성거리고 있을 것만 같다. 한 번씩 '송 양아.' 부르면서 같이 한잔하자고 혹 찾지는 않을까 싶다.

단풍이 낙엽이 될 채비를 하고 있다.

집으로

살면서 몇 번의 이사를 했는지 손가락을 접어 보았다. 희망과 절망이 오르내리는 동안 쉬어야 하는 계단이 많았다. 마음을 내려놓아야 잘 쉬는 것이기에 부서진 건물의 잔해처럼 좋은 집에 대한 꿈도 어수선했다. 이삿짐을 쌓을 때 현실과 타협하는 일은 현실을 용서하는 일이었다. 싣고 가야 하는 것보다 내려놓고 가야 하는 보따리가 가슴 구석에 남아 뒤를 돌아보게 했다. 내 집이 없는 상실감이 아직은 젊다는 말 한마디로도 치료되지 않는 걸 보면 집에 대한 집착은 인생길과 함께 가고 있다.

만족을 주지 않는 게 집이다. 좀 더 큰 평수와 새 집을 원하는 꿈은 멈추지 않고 있기에 집을 짓는 일도 멈추지 않고 사람을 닮아 가고 있다.

우리 삶은 집이 있는 게 중요한 게 아니라 스스로의 만족이 있어야 집이 되는 것 같다. 집을 가진 지금도 어떤 집을 머리속에 그려 놓고 있다. 결국 마지막 누워야 할 집은 가장 작은 집이라는 것을 알면서도 자꾸만 좋은 집만 찾게 된다. 지금보다 젊었을 때 내 집이 없이 이사를 다녀도 겁이 없고 가슴이 철렁거리지 않았다. 세월이 가면 저절로 나이가 보태어지듯이 집도 그렇게 해결되는 것인 줄 알았다. 나이 들어 집을 잃으면 슬프다. 버틸 힘이 사라지는 것과 마찬가지로, 살아온 세월의 흔적이 된다. 집은 사람을 단박에 단정짓는다. 집의 표정이 사람의 표정이다. 세상과 맞지 않아 부서져 내린 흙먼지가 다른 삶이 되어 도심의 한복판에 탑같이 서 있다. 적막이 깊었던 그때는 보이지 않고 새로운 집이 되어 환하게 불이 켜졌다.

쭈그린 채 탑을 바라본다. 내가 쌓아 놓은 탑은 없다. 지인은 전세라도 좋으니 저 집에 들어가 살아 보고 싶다고 하고, 또 어떤 사람은 새 집에 트집을 잡으며 자신을 합리화시키는 것처럼 보이기도 한다. 집에 대한 이야기는 군대에 다녀오거나 아이를 낳을 때의 사연만큼이나 많다. 동네가 환해진 새 아파트 대문에 자꾸 눈길이 간다. 새것이라 빛이 난다. 세 군데의 출입문이 입맛을 당긴다. 그 문을 따라 가면 나도 빛이 날 것 같다. 나를 끌고 다니며 '행복하지, 행복하지.'라고 물어 오지 않을까 싶다. 입이 간질간질한 대문을 보면 문화의 천국이 그곳에 있을 것 같다. 사람이 꿈꾸는 이상이 모여서 더 이상 꿈꾸지 않아도 되고 투정부릴 수 없는 천국이 있을 것 같다. 식탁에는 집집마다 이쁜 꽃이 시들지 않고 그대로 있을 것만 같고, 냄새나는 된장찌개보다 스테이크가 준비되어 삶이 깔끔하게 정리되어 있지 않을까 이런 생각에 빙그레 웃어 본다.

이삿짐 차가 하루에 몇 대씩 대문 안으로 들어가고 있다. 낡은 것은 버려지고 새 집에 어울리는 가구와 전자제품들이 주인과 함께 대문으로 들어간다. 대문도 돋보이고 물건도 사람도 돋보인다. 큰 소리가 나는 집에 사는 게 신의 선택이라면 니체는 왜 신은 죽었다고 했을까.

열심히 살다보면 잃는 것보다는 얻는 게 많다. 만족한 삶을 위해 수고를 아끼지 않는다. 이삿짐 보따리에서 삐걱대는 소리가 나는 것은 허덕거리는 소리가 아닐는지. 층층이 살아도 내 집이 없는 허방에는 징소리가 난다. 누구에게나 아픔 뒤에 숨겨져 있는 것이 있으니 눈에 보이는 게 전부일 수 없다. 집에 가면 토닥거리는 사랑이 있고 밥이 있고 김치가 있으면 될 것이다. 가끔 생선 한 토막으로 곡주도 한잔 할 수 있는 여유로운 마음을 가지고 있다면 세상에 태어난 빚은 갚은 게 아닐까. 어차피 가장 작은 집에서 영원히 살 테니 일기예보 같은 날을 두고 쏟아도 쏟아도 채워지질 않을 그 무엇을 위한 욕심은 상처일 뿐이다.

변덕스럽게 살아온 나를 내려놓아야 한다. 세상에 연연하며 살아야 할 것은 집이 아니다. 집은 머물렀다 가는 세상처럼 언젠가는 사람이 버리고 가야 할 물건이다. 친구처럼 사귀다가 두고 가야 하니 관리를 잘해주는 사람 하나 만들어 두어야 한다. 오래 묵힌 집은 나를 잘 안다. 변덕스러웠던 나 때문에 조마조마했을 것이다. 편안한 집은 만족하는 마음에서 온다. 여러 채 소유하고도 가진 게 없다고 칭얼대는 사람은 집이 없는 사람이다. 철없이 집만 욕심내는 사람보다 집을 정리할 줄 아는 사람이 좋다. 가볍게 사는 게 잘 살다 죽는 게 아닐까.

얼어 있는 돼지고기와 남겨둔 채소를 냉장고에서 꺼내 인생사 한바탕 꿈을 함께 썰어서 끓인다.

2.

꽃은 그냥 피지 않는다

떨어지는 소리

그 집은 지금도 빈 상태 그대로 있다. 딸아이가 베란다에서 떨어진 후 부모의 가슴에 빛이 사라지고 세상에 대한 빚을 안은 채 온갖 소리를 끌어안고 텅 비어버렸다. 벌써 한 해라는 세월이 지났다.

시간은 망각이다. 빈집에 떨어지는 소리가 흉터 되어 아물고 있다. 죽음에도 소리가 있다. 어떤 소리를 끌고 지나가는가에 따라 스스로를 지키며 떠나는 마지막 길이 될 것이다.

늙으면 기운이 떨어지는 소리가 나고 뼈의 무늬가 떨어져 나간다. 선명한 무늬가 기운을 이어주는 발자국이었을 텐데 한 생애가 떠나가는 소리에는 떨어지는 소리만 있다. 그것은 비우는 소리가 아닐까 싶다.

사는 게 혹 야단법석 아닌지 생각해 본다. 비바람이 몰아

쳐 왔다가 끓어 넘치는 에너지로 실수의 흔적을 남기기도 한다. 착한 티를 내면 언젠가는 착한 사람이 될 수 있다는 나름대로의 생각으로 내 안에 둥지를 트는 조용한 소리를 듣는다. 가늘게 떨리는 생각들이 말줄임표처럼 은근히 따라와 흩어진다.

자린고비가 베푸는 소리는 세상을 밝게 울리는 웅숭깊은 소리이다. 이웃을 위해 나눠주는 사랑의 소리는 빛이 떨어지는 맑은 소리이다. 생활이 조금만 더 나아지면 착한 일로 이웃을 도와야겠다는 소리가 매번 빨간 거짓말이 되기도 한다. 좋은 소식으로 넉넉한 삶을 살아야 한다. 어떤 소리를 듣고 사느냐에 따라 삶의 방향이 달라진다. 많은 소리를 듣고 있다. 추켜 올려 붕 띄우는 소리는 소풍 때 사진처럼 즐겁고 나를 떨어뜨리는 소리는 스스로를 소심하게 한다.

빗방울이 떨어지는 소리는 슬플 때도 있고 마음이 환해질 때도 있다. 바람이 몰고 온 빗소리는 마음에 공터가 생겨 불쑥 애매한 감정을 건드린다. 과거와 현재와 미래의 섬돌을 건너뛰며 그때마다 조금 더 성실하게 살아야겠다는 다짐을 한다.

잠결에 듣는 빗소리는 살아온 날을 되짚어보게 한다. 빗방울이 떨어지는 소리에 가만히 귀를 댄다. 빗소리가 삶의 방향을 제시하는 것 같기도 하다. 흐트러진 마음의 가닥을 이어주고 토닥여주는 빗소리는 때로 모성을 생각하게 한다.

아이들이 어릴 때였다. 젖을 빨다가 방긋 웃는 귀여운 모습에서 나는 세상을 다 차지한 기쁨에 들뜨기도 했다. 아이가 걸음마를 뒤뚱거리며 내 품에 안기던 감동에서 고단한 삶을 다 잊게 했다.

여러 가지 많은 소리가 집안에 활력이 되었다. 세탁기 안에서 물 떨어지는 소리, 청소기가 먼지를 빨아들이는 소리, 밥상에 수저 놓는 소리, 햇빛이 마루에 들어오는 소리. 아무리 들어도 싫증이 나지 않는 소리는 소리가 소리끼리 서로 어울리며 하모니를 만들어 낸다.

코스모스를 만나러 늦은 가을에 북천에 간 적이 있다. 바람이 즐거운 듯 피어 있는 꽃잎의 표정은 살피지도 안은 채 늦게 찾아온 것을 후회하기만 했다. 늦은 가을임에도 남은 가을이 넓은 들판에 띄엄띄엄 수를 놓고 있었다. 나는 코스모스가 놓은 수를 만지다가 그 수틀 위에 누워 가을이 지나가는 바람을 가슴으로 받아들이기로 했다.

요즘은 어디서 무엇이 떨어지는지 모른 채 살고 있다. 이런 때는 후회와 겁이 섞인 기척이 무서워 헛기침을 해본다. 마음을 달랜다.

공부

삶을 무겁게 하는 게 공부일 때도 있다. 청춘을 바쳐 공부한 사람이 결과가 나타나지 않을 때는 아마도 이런 생각을 하지 않나 싶다.

노는 게 공부보다 좋은 게 학창 시절이다. 그나마 특이하게 공부를 좋아하는 아이도 있긴 하다. 나는 어정쩡한 아이였다. 공부가 좋은 것도 아니고 죽고 싶을 만큼 싫지도 않았으니까. 공부보다 좋은 게 소설이나 명언집 같은 거였다. 주머니 속에 작은 명언집을 넣고 다니면서 외우고 스스로 잘난 척하며 노트에 옮겨놓기도 했다. 지금도 그 버릇이 남아 있어 좋은 글 한 줄이라도 눈에 띄면 입속에서 우물거리며 외우려고 덤벼들지만 잠깐의 기억으로 스쳐가고 만다.

공부를 죽도록 싫어하는 아이가 내 뱃속에서 난 아들과

딸이다. 내 반만 닮았어도 죽도록이라는 이런 표현은 쓰고 싶지 않겠지만 어쩔 수 없다. 딸아이는 안 아프고 자라 주는 게 가정에 보탬이 되는 것이라고 떳떳하게 말하고, 아들은 일등이 있으면 꼴찌가 있는 법이라며 뻔뻔하게 말하는 좋은 성격들이다.

지인들 모임에 갔을 때 누구 집 아이는 서울에 있는 ㅈ대학에 합격했고 또 누구 집 아이는 부산에서 최고 좋은 대학에 합격했고, 이런 대화들이 오고 갈 때 그 난처함을 수습하느라 소주를 연거푸 마시는 것을 아들과 딸은 모를 것이다.

두 아이 모두 이 년제 대학에서 아무렇지 않게 도도하게 생활하고 있다. 너희들은 공부 스트레스 없어서 좋겠다고 빈정거려도 미안해하지도 않고 웃고 만다.

사십 대 초에 공인중개사 공부를 했고 사십대 끝에서 대학을 졸업했던 나를 보며 아이들은 왜 공부가 좋은지 모르겠다고 고개를 갸우뚱거렸다.

공부가 좋아서가 아니었다. 생활고에 시달리고 있을 때 우울증이 떠나지 않았다. 모든 게 부정적으로 보였고 밖에서 배회하고 싶은 날이 많아지려고 할 때 공인중개사 공부를 하게 되었다. 그 이후 학창 시절 때 다 못 한 공부를 뒤늦게나마 하고 싶다는 열정이 대학교를 졸업하는 길이 되었다.

공부는 할수록 묘한 구석이 있다. 공부 맛이란 단 것도 아니고 쓴 것도 아니다. 끌려가는 좋은 맛 같다. 못 이룬 공부를 하는 게 우리 세대에는 꿈이기도 하다.

요즘, 대학교 졸업장이 백수 자격증이라고 말하는 시대에 살고 있다. 취업에 대한 눈높이가 행복 지수를 빼앗아 갔다. 분수에 맞는 직장을 구하는 일이 만족도를 높여서 행복해질 수 있다.

부모들은 사교육비의 노예가 되어 가며 억지로 버티고 있다. 취업을 도피하기 위한 대학원 공부가 늘어나고 취업 공부를 위한 사교육비까지 부모들의 몫이 되었다.

삼십이 훨씬 넘은 자식에게 아직도 용돈을 주고 있는 지인들이 더러 있다. 누구의 잘못인지에 대한 답을 찾아서 지혜로운 선택이 필요하지 않을까 싶다. 얼마든지 길은 많다고 본다.

공부가 현실에 대한 도피가 되어서는 안 된다. 무엇이든 적당한 자리에 있을 때 행복하다. 공부의 주인공이 되지 못한 공부는 무의미하다.

사람은 때라는 걸 잘 사용할 줄 알아야 한다. 공부를 끝내야 할 때와 놀고 즐겨야 할 때, 사회에 나아가야 할 때와 부모의 도움에서 벗어나야 할 때가 조화롭게 이루어진 후 다시 시작하는 공부에 대한 도전이 아름다운 것이다.

공부를 잘하는 자식은 부모의 어깨를 으쓱하게 한다. 내가 가장 기 죽어서 할 말 제대로 못 할 때가 자식들 성적 이야기가 오고 갈 때였으니까.

자식들이 진짜 제 몫을 다할 때 부모들은 즐겁게 어깨가 올라가야 되지 않을까 싶다. 모두가 힘들다고 말한다. 어쩌면 우린 사는 법을 힘들게 알아가는 게 아닌가 싶다.

아들과 딸에게 공부 못한 원망을 하지 않는다. 시간 나는 대로 책 좀 읽으라고 말하고 있다. 좋은 책 읽기는 인생을 바꿔 놓을 수 있으니 분수에 맞는 길을 찾아 꿈이 이루어지길 바라고 있다.

딸의 꿈은 시집 잘 가서 남편 덕으로 엄마한테 효도하는 것이고, 아들의 꿈은 창업주가 되어서 잘나가는 놈 소리 듣는 거라고 말한다. 떳떳하고 뻔뻔했던 두 아이 때문에 어깨가 폼 잡고 있다.

공부 못한 죄보다 꿈이 크다.

까망이

동물을 싫어하는 사람은 정이 없다고 흔히 말한다. 나는 과연 정이 없어서 네발 달린 짐승을 싫어하고, 썩 내키지 않으면서도 육고기를 먹는 것일까.

강아지를 키우는 게 소원이라는 딸아이 말에 딴청을 부리며 모른 척했었다. 침묵이 대답이 된 건지 남편이 인터넷 검색을 한 지 며칠이 지난 어느 날, 태어난 지 한 달이 채 안 된 눈동자가 동그란 강아지를 단돈 삼만 원을 지불하고선, 우리 집 식구로 만들었다. 털이 까맣고 배 부분과 발바닥에 하얀 점이 있는 인물 좋은 수컷이었다. 이틀 동안 어미를 찾아 낑낑 소리 내며 잠을 설치더니 이내 우리 가족이 되어 주었다. 얼마 전만 해도 내 인생에 집안에 강아지를 키우는 일은 없을 거라며 큰 소리 쳐 놓고 어느새 딸아이마냥 눈길이 간다.

"우리 집 강아지 이름은 까망이야." 딸아이는 두 손으로 식탁을 두들겼다. 꼼짝없이 딸이 시키는 대로 까망이가 우리 집 강아지 이름이 된 것이다. 털이 까맣고 눈이 똘망하다고 붙인 이름이지 싶다. 까망이는 먹는 대로 살도 찌고 나를 따라다니며 발가락을 핥고 제법 애교를 부릴 줄도 안다.

여고 1학년 때 총각 선생님을 짝사랑한 적이 있었다. 그때 나는 사랑이라는 이름으로 몸살을 앓았다. 선생님 교탁 위에 우유를 사 놓는 일은 당연히 내 몫이었기에 어떤 친구도 끼어들 틈이 없었다. 어느 날 교무실에 다녀온 친구가 호들갑을 떨었다. 선생님께서 결혼을 한다는 빅뉴스를 내게 안겨 주던 날, 가슴 한 귀퉁이에 '윽' 소리가 울렸다. 나이 차이는 극복할 수 없는 것이라고 스스로 위로하며 나름대로 성숙한 척했었다. 우중충 비가 내리는 날 온종일 뒤숭숭했었다. 짝사랑은 나만의 몫으로 끝낼 영역이었다. 사랑은 움직이는 것이라는 걸 선생님은 진작 알고 있었다. 신혼집에 초대를 받았다. 내가 선물한 사진첩에 결혼사진이 끼워져 있었다. 얼마나 많은 눈길을 선생님께 보냈는지를 모를 리 없다. 지금쯤 선생님 사진첩에 내 이름 석 자가 삼십 년 세월과 함께 묻어나 있을 것이다. 사춘기 소녀의 사랑은 싱싱하게 찾아왔다가 꼼짝없이 헤어져야 하는 일이었지만 그때의 그 소녀가 그립다.

봄이 가고 여름이 다 가도록 까망이한테는 고쳐지지 않는 버릇이 있었다. 똥오줌을 아무 곳에서나 갈기는 거였다. 꼬집어 보기도 하고 달래 보기도 했지만 소용없는 일이었다. 버릇을 고치려고 앞 베란다에 묶어 놓고 그곳에 영역 표시를 시키고자 했지만 그때뿐이었고, 다시 풀어 주면 똑같은 만행이 반복되었다. 따라다니며 치우는 게 이만저만 힘든 게 아니었다. 아주 태연한 척 거실 테이블과 소파를 망가뜨리고 내 인내력을 탈진시켰다. '이젠 더 이상 못 참아 나도 살아야지.' 나보다 묵직하고 인내력 있는 새 주인을 찾아주자고 일방적으로 이번엔 내가 방망이를 두들겼다. 남편이 남해 바닷가에 사는 새 주인을 찾아내었다.

까망이를 보내는 날, 사춘기 소녀가 짝사랑했던 선생님을 보내 듯 마음이 뒤숭숭했다. 쇼핑백에 남아 있는 사료와 딸아이가 용돈으로 사 날랐던 장남감이며 밥그릇을 챙겼다. 남편이 까망이를 안고서 현관문소리가 꽝! 하고 닫히는 순간 내 가슴 귀퉁이에 윽! 하고 울리는 소리가 났다.

앞 베란다 문을 열고 고개를 내밀었다. 남편이 트럭에 까망이를 꽁꽁 묶고 있었다. 그때의 사춘기 소녀처럼 꼼짝없는 이별이었다.

동그란 눈으로 우리 집 605호를 빤히 쳐다보며 말을 거는 듯하다.

–밥값 못하고 가서 죄송합니다.

–똥오줌 못 가리고 주인마님 심기를 괴롭힌 죄 용서하소서.

–산책 자주 안 시켜 주고 집 안에만 나를 내버려 둔 죄 회개하소서.

–똥오줌 못 가린 죄, 나한테 덮어씌운 주인마님 죄 어여삐 봐 주소서 .

무더운 여름이 끝나갈 무렵 까망이는 육 개월 간의 정을 남겨놓고 떠났다. 바다가 보이는 한적한 곳에서 바다같이 푸르고 마음 넓은 주인을 만나 인물값 하면서 살기를 바랐다. 철썩거리는 파도를 타고 놀면서 똥오줌가리는 일도 철석같이 잘해 주면 좋으련만….

까망이를 보낸 후 집안을 환기시키고 음악 볼륨을 크게 올리며 청소기를 집어 들었다. '울면 안 돼.' 하고 청소기가 나 대신 소리를 내었다.

'너만 상처 받았니, 나도 상처 받았어.' 딸아이의 휴대폰 바탕 화면이 된 까망이가 쳐다보고 있다. 까망이를 떠나보낸 뒤 가족 중에 누구도 선불리 까망이 이야기를 꺼내지 않았다.

가끔 휴대폰을 끌어안고 딸아이는 혼자 중얼거리며 예전의 나처럼 이별의 맛을 아는 척한다.

까망아! 미안하다. 한때는 사랑했지만 사랑은 움직이는 거란다.

꽃은 그냥 피지 않는다

꽃이 되고 싶다. 날씬해야지 꽃이라 여긴다. 꽃의 몸속까지 들여다보는 것은 뒷일이다. 위태로운 일이나 배에 붙어 있는 군살을 떼어 내는 일이 급선무이다.

날씬하다는 인사치레를 들은 적이 있다. 하지만 쓴 약을 뱉어 버리듯 억울하게 제자리로 돌아오곤 했다. 문지방에 걸터앉아 시들어 버린 꽃에 나의 체면은 우습기만 하다. 내가 되고 싶은 꽃은 될 수가 없었다. 겉돌기만 했을 뿐이다.

코스모스와 유채꽃은 집단으로 피어 있어야 아름답다. 혼자서 잘난 척하면 꽃 맛이 없다. 함께 어울려 있는 제 몸짓이 든든해서 생글방글거리며 축제를 기다린다. 안개꽃은 다른 꽃을 가져와서 함께 있어야 꽃이 되는 것 같다. 다른 꽃이 되어 주기 위해서 안개를 머금고 꽃이 되었는지 모르겠다.

혼자 있으면 나는 못났다. 지인들과 함께 있을 때 나도 비로소 지인을 닮은 꽃이란 생각이 든다. 알면 알수록 편하고 매력 있는 게 지인이라고 넌지시 꽃이 귓속말을 한다. 날씬한 것만이 꽃이 아니다. 몸부림친 게 허사다. 꽃이 사람을 이해하기 때문에 꽃을 보면서 사람들은 위로 받는다. 숨어 있는 내면의 아름다움이 꽃이기 때문에 사랑하는 사람에게 꽃을 선물로 주는지도 모르겠다.

꽃은 취미로 피지 않는다. 사사로운 것에 고개를 내밀지 않는다. 경계를 넘어서려고 흔들리지 않고 비바람 치는 날에도, 피다가 떠나야 할 시간을 알고 흩어진다. 꽃꽃이가 되고 향기를 품었던 기억을 돌이키고자 자꾸 꽃이 되어 나오는지도 모르겠다. 씨앗을 발효시켜 꽃이 되기 위해서는 잊어버리고 눈감아야 할 일들도 많았을 것이다. 꽃은 그냥 피지 않는다.

지금 내가 살고 있는 집은 베란다 한쪽을 튼 거실이 베란다 구실을 하고 있다. 얌전히 앉아 있는 화분을 옮겨 가면서 때를 맞추어 물을 준다는 게 번거롭다. 물을 주기 위해서는 화분을 들어서 배수가 잘되는 곳으로 옮겨야 한다. 조금이라도 편해지고 싶다는 생각에 화분을 다른 한쪽 배수가 되는 베란다로 옮겨 놓았다. 가끔 들여다보고 말을 걸면 되겠지 싶었다. 햇볕도 잘 들어오고 안성맞춤이라 여겼다.

시간이 지날수록 꽃나무는 힘이 없고 아파하고 있다는 걸 짐작했다. 예전에는 사람 냄새를 맡으며 가족들과 자주 눈이 마주쳤으나 지금은 부러 찾지 않으면 늘 혼자 있어야 하니 꽃나무들이 보채고 우는 거였다. 다시 사람 냄새가 나는 제자리로 옮겨 놓았다. 꽃이 생기를 되찾았다. 힘을 잃고 주저앉은 내 모습도 함께 기운을 차렸다.

아이들이나 남편의 관심에서 가끔 멀어졌다고 느낄 때 나도 꽃나무처럼 알 수 없이 힘이 빠지기도 한다. 관심에서 벗어나면 사람이나 식물이나 애가 탄다.

꽃에도 감수성이 있다. 상처 받은 잎들이 사람냄새를 맡자 잎을 살랑거린다. 눈시울을 적신다. 가까이 갔더니 좋아한다. 사람에게만 외로움이 있는 게 아니다. 사랑이 그리워 내게 얼마나 많이 창문을 두들겼을까. 그대로 모른척했더라면 봄이 와도 봄 같지 않았을 터이고, 속살을 드러내는 꽃이 될 수 없었을 것이다. 애를 태우지 않아도 필 수 있게 하여야겠다. 꽃은 사람이 보지 않아도 혼자서 피는 게 아니다.

꽃은 그냥 피지 않는다. 낙엽도 그냥 떨어지는 게 아니다. 겨울의 문턱에서 깨닫는다. 나는 아직 꽃이 아니라고.

바람

빚 때문에 집을 팔아야겠다고 할머니 한 분이 찾아왔다. 집을 비우는 게 아니고 그렇게 하는 것이 마음을 비우는 일이었을 것이다. 이십 년 가까운 세월, 남편이 누워 있다며 별 의미 없는 표정으로 말한다. 할머니에게 불어온 바람은 중풍이었다. 앓고 있는 사람은 남편이었지만 그 바람을 막을 수 없어 바람꽃이 되었다.

중풍이 오지 않았던 지난날의 남편을 그리워했다. 어느 날은 너무 힘이 들어 남편의 머리를 쥐어박으며 왜 이리 안 죽느냐고 타박을 하며 짜증을 낸 적도 있었다. 예전에 남편이 벌어 준 돈으로 살 때에는 금이빨을 하였지만 자식이 준 돈으로는 제대로 이빨 하기가 힘이 드니 남편에게 잘해야 한다며 타일렀다. 바람 빠진 나에게 바람이 다스려 주었다.

시름시름한 바람은 몹쓸 바람인 것 같다. 할머니는 남편의 병상을 껴안고 오늘도 저녁 밥상에서 희망을 버리지 못하고 숟가락을 남편의 입속으로 넣고 있을 것이다. 희망을 걸고 있는 할머니에게 남편은 미안해하지 않을까.

얼마 전에 친구 모친이 세상을 떠나셨다. 젊은 날에 작두를 타고 날아다녔다는 무당이 그 많고 많은 사연들을 벗어던지고 저승길로 떠났다. 친구는 이 세상에 혼자 남게 되었다. 영락공원에서 친구의 엄마는 2번이었다. 불이 켜졌다. 번호표를 받아 죽어서도 기다려야 하니 살아 있는 것과 죽어 있는 것이 뭐가 다를까 싶기도 했다.

번호표를 잃어버릴까 봐 손에 꼭 쥐고 앉아 은행에서 잡지를 뒤적이던 내 모습이 스쳐 지나갔다. 이승과 저승은 기다림이 다르다. 마치 푸른 신호등과 빨간 신호등처럼. 친구는 아주 담담하게 자리를 지키며 번호판을 보고 있었고 울지 않았다. 절대로 울지 않겠다고 맹세했는지 속울음을 울고 있었다. 친구에게 불어온 바람은 형제가 없는 그녀에게 허물어지는 찬바람이었을 게다. 위로의 말을 하고 싶었지만 입술이 움직여지지 않았다. 지금은 아무 생각도 할 수 없다고 말하는 친구에게 세상 모진 바람 이겨내며 잘 살아야 한다고 엄마는 다독거리고 있지 않을까 싶다.

사람의 내면을 알 수 있다고 장담했던 일들이 일을 하면서 무너지는 느낌이 든다. 인생 공부를 하고 있다. 지나친 욕심을 내게 던져 준 허황한 사람을 만난다. 사람 좋다고 말을 할 수 있는, 보이는 겉모습이 전부가 아니다. 인간의 내면을 깊숙이 알고 나면 너 나 할 것 없이 말줄임표처럼 까만 점들이 이어져 있는 것 같다. 나도 그런 사람일지도 모른다. 늦은 일이지만 도덕교과서를 새로 읽어야겠다. 나 스스로 깨우친 후 누구를 탓할 수 있지 않을까.

나의 내면은 후회투성이다. 수십 번 삶에 어긋난 나를 쥐어박아야 한다. 자리를 잡지 못하는 뿌리 없는 바람은 여기저기 돌아다닌다. 고향이 없어 가야 할 곳을 잃은 바람이다. 어수선한 바람이 쑥 들어와 나의 곁을 맴돈다. 잡것이 섞인 바람은 내 본능의 바람 같다. 쓸데없는 바람이 수시로 들어온다. 허망한 꿈들이 왔다 갔다 하는 걸 보니 나도 갈 곳을 잃은 바람이다.

매일 아침에 눈을 뜨고 노을이 아름다운 저녁을 만나는 평온한 바람을 질기게 만지고 싶다.

내가 열망하는 바람은 어디쯤 오고 있을까.

내 삶의 부끄러운 바람을 어디로 보내야 할까.

나를 돌려놓는 괜찮은 나를 찾으러 바람 따라 가야겠다.

수면 유도제

잠에 대한 집착은 잠이 오지 않는 나를 더 강하게 끌어당긴다. 밤이 되면 오늘은 눈 감으면 바로 잠이 올까라는 궁금증으로부터 잠자리는 시작된다. 예민하게 생겼는데도 선천적으로 잠을 잘 자는 사람을 보면 참으로 부러울 수밖에 없다.

수면 유도제에는 무슨 길이 놓여 있길래 매번 이 길을 건너가야 아침이 오는 것일까. 하얀색의 쨀쭉하게 생긴 몇 알의 약이 싱크대 서랍 속에 숨어서 나를 기다린다. 잠을 자는 일이 수월하게 세상과 소통하는 일인데, 삶의 한 부분이 이 모양이니 늘 부족한 잠투정이지 싶다.

어느 스님은 잠이 오지 않으면 억지로 자려고 하지 마라, 잠은 올 때 자면 된다고 편하게 말했지만 어디 매여서 사는 게 이것뿐이겠는가.

오늘은 밤하늘의 별이 제법 보인다. 금방 쳐다보다가 별이 사라진 하늘을 다시 보게 된다. 이별이 이것 하나만 있겠는가. 잠을 자는 시간만이라도 금방 사라진 밤하늘이 되고 싶은데 때때로 이불 속에서 별을 하나씩 세고 있다.

지인이 카톡을 보내왔다. 수면 유도제 가진 것 있으면 집 앞으로 갈 테니 한 알만 달라고 한다. 아무나 지니고 있지 않는 나만의 것인 양 어깨가 올라갔다. 수면제 두 알을 챙겨 지인에게 전해 주고 돌아오며 오늘은 그가 잠을 잘 자겠구나 하는 생각에 내 머리도 가벼워졌다. 빌려주는 게 아니라 그냥 주는 것이다. 받아도 좋은 물건이 아니라 답변이 필요 없으니 거래가 아니다. 지인의 자동차 뒤통수에 있는 수면 유도제가 기분 좋게 달려가는 모습이 내 눈에만 보인다.

죽는 것과 잠을 자는 것이 무엇이 다를까. 죽으면 평생 자야 할 잠이 아닌가. 그러니 잠은 올 때 자야 된다는 말이 맞는 것 같다.

삶과 죽음은 공존하고 있다고 어느 수필가는 말하지 않았던가. 죽음과 잠을 자는 일 역시 공존하고 있는 게 아닐까. 그러면서도 잠을 자야 마음이 놓이고 시작의 의미도 함께 간다. 혼자 잠을 자지 않고 있으면 오른발 뒤에 왼발이 따라 나와야 되는데 박자를 못 맞추고 있으니 외롭다.

자리에 누우면 밤의 감각을 알고 내 머리를 비워야 한다. 잠을 유도하는 길은 수면제가 아니라 시간을 유혹하는 길이다. 흐르는 시간도 장소가 있어 우리는 붙어서 지낸다. 누구에게나 공평한 시간을 나에게만 흐르는 시간처럼 뺏기기 싫어 몸부림 치고 있는 것 같다.

오늘은 잠결에 듣는 소리도 마다하고 자고 싶다. 돌아간 어머니, 아버지의 영혼도 만나고 내 영혼도 한 점 떼어 꿈을 꾸는 다리로 잠을 유혹하고 싶다. 자야 한다. 죽음과 다르니 꼭 자야 한다. 아침이 밝다는 이유가 기다리고 있다.

중년

중고 시장에 있는 자동차의 얼굴들이 찌그러져 있는 듯했다. 한때는 주인에게 사랑 받았던 얼굴이다. 아직 쓸 만한데 왜 버렸냐고 서러워하며, 상처를 달래고 선택받길 기다리며 멈춰 있다.

이 년이 막 지난 회색빛 중고 자동차를 내 것으로 만들었다. 어디서 누구랑 어떻게 살다 온 사연들보다는 나의 눈에 들어온 인연이 마냥 좋기만 했다. 쓰다듬으며 나랑 잘 지내보자고 약속해놓고 데리고 다니면서 상처낼 때마다 미안했다. 잘못 선택받은 것을 알게 된 후 여러 번 주인 탓을 하지 않았을까. 고장 나서 아파도 잘 고쳐서 오랜 시간 내 곁에 두마 이런 마음으로 바라본다.

중고차를 보면 나이도 중고라는 생각이 든다. 삶이 익숙해질수록 더욱 천천히 달려야 하고 낡아질수록 추억을 데리고 위로 받는다.

얼마 전 남편이 사업상 데리고 다닌 1톤 트럭을 폐차장으로 보냈다. 진작에 버려야 할 일이었다. 하루 이틀 붙잡아 두었더니 더 이상 못 가겠다고 어느 날 제가 먼저 길 바닥에 퍼질러 앉았다. 십이 년간 육십삼만 킬로를 감당해 내었으니 중병이 날 만도 했다. 우리 가족의 밥술을 뜨게 했던 트럭은 남편의 주름살과 함께한 오랜 친구였다. 눈만 뜨면 만났던 친구가 남편 곁에서 일생을 마치고 돌아가는 모습을 보며 회한에 잠겨 눈물을 흘렸다는 그 말을 듣는 순간 나도 눈시울이 뜨거워졌다.

무엇이든 정을 떼어 내는 일은 슬프다. 십이 년간 아무 탈 없이 말 잘 듣는 효자 노릇을 했던 피붙이었기에 미련과 고마움이 눈물나게 했으리라. 변하지 않고 계속 그대로 있는 것이 세상에 있을까.

에어컨이 빵빵 잘나오는 새 차를 만나 또 다시 정을 붙이며 남편은 중년을 넘는 길을 밟고 있다. 지금의 차가 나중에 폐차장에 끌려갈 때는 근처에도 가지 않겠다고 말하는 남편에게서 사람 냄새가 났다.

새댁일 때 중년의 아줌마들을 보면서 나는 가만히 새댁으로만 살 줄 알았는지 청춘을 뽐내며 까불었다. 시간은 되돌릴 수 없다. 시간에 동승한 나도 이젠 중년이 되었다.

중년의 향기는 세상과 부드럽게 살아야 하는 지혜의 향기이다. 언젠가는 떠나야 한다는 것을 깊이 생각하고 살아온 시간을 돌이켜보며 앞으로의 삶을 잘 다듬어 가야 하는 중간 점검이나 마찬가지이다. 나의 삶을 이야기할 수 있고 남의 삶을 들어줄 수 있는 깊은 가슴이 중년에 있다. 세상 안에서 편안하다. 딱 부러지게 해 놓은 것은 없지만 어떤 상황에서도 욕심 없는 마음으로 '이만하면 괜찮아.'라고 말할 수 있는 중년이고 싶다. 과거와 미래의 중간에서 중년은 아름답다.

타 내리는 양초를 보며 숙연해진다.

그 사람 2

열차는 이기적인 나를 실어 주었다. 그해 겨울은 나보다 얼어 있지 않은 듯했다. 목적지 없는 보따리는 답답한 매듭이 되어 숨이 막혔다.

삶의 의미가 흔들리고 있다. 아무것도 보이지 않는 터널을 빠져나가고 싶어 죽겠는데 살려 주지 않는 남편은 고된 애정의 끝자락에 서 있다.

남편은 부도쟁이다. 늘 부도를 맞는다. 성실하지만 미숙한 그의 불치병은 세월이 흘러도 여전하고 내 속앓이도 습관처럼 붙어 다닌다.

유복한 가정에 살지 못한 나는 육성회비를 제때 내지 못했다. 담임선생님은 국어선생님답지 않게 표정 없는 얼굴로 내 이름을 부르기도 했다. 부모님의 가난이 나의 가난이었던 게 싫어서 선생님을 향한 나의 태도는 당돌했었다.

선생님께 하고 싶은 말을 적으라고 내어 준 종이 위에 내 나이에 맞지 않는 표현 때문에 밑줄이 그어져 꾸중을 듣기도 했었다.

결혼은 돈 있는 사람이랑 해야겠다는 계산적인 사랑에도 성공하지 못했다. 삶은 계산이 아니며 내 마음과 머리는 언제나 갈등한다.

열차가 천안역을 지날 때 첫눈이 내렸다. 부산에서 보지 못 했던 눈을 보고 있는데 쓸쓸하게 눈물이 난다. 초등학생 두 아이 생각과 아침에 나를 붙잡았던 비누 거품으로도 잘 지워지지 않는 남편의 마디 굵은 손 생각이 스쳤다.

서울 시누 집에서 며칠을 보내고 스스로 돌아가 밥을 지어야 하는 유실물은 나였다. 내가 사온 옷을 보여 주며 예쁘냐고 물으면 예뻐 봤자 우리 마누라보다 예쁘겠냐고 말해 주는 이 사람은 진정 부도 내지 않고 사는 게 무엇인지를 아는 사람이다.

오늘도 어제도 내일도 이 사람은 부도쟁이로 내 곁에 있을 사람이다. 부도쟁이로 나를 향해 웃고 있는 사람이다.

나는 부도쟁이를 부도쟁이라고 말하지 못한다. 요즘 내 처지가 그렇다. 내가 벌여 놓은 일도 부도나 마찬가지이다. 경제니 정책이니 국정이니 하는 핑계로 꼬리를 살짝 내리고 남편 눈치를 보고 있다.

삶에 부도나지 않는 게 어디 있으랴! 키워 놓은 자식에게도, 국민이 선택한 투표용지에도, 어떤 술값에도, 젊은 날의 꿈에도 금이 나 있다. 비어 있는 것을 무엇으로 채울 것인가, 이 고비의 순간을 견디며 살아야 한다.

나와 남편이 닮았듯이 사람은 누구나 비슷한 닮은꼴이 되어 하루하루 살고 있는지도 모르겠다. 안상학 시인의 "서울 어느 닭울음소리"처럼 구슬프게 들리고 있다. 우리 모두에게 위로가 필요하다.

한 바퀴만 더

평범한 일상 속에도 비밀이 있다. 매일 링거를 맞았다. 혼자만의 산책이 힘에 겨워 비밀처럼 밀봉해 두었다가 또로록 흘려보내기도 한다. 한 번씩 고생을 사서 한다는 생각이 목구멍을 찌르기도 하고 이 짓을 하지 않으면 소리 없는 배고픔이 달라붙어 더 큰 웅덩이가 생기니 병이 맞긴 맞다.

수필 쓰기와 인연을 맺은 지도 꽤 되었다. 아이들의 받아쓰기는 자꾸 하면 금세 실력이 늘어나지만 내가 쓰고 있는 글짓기와의 인연은 허무할 때가 많다. 낯설게 보아라, 사물을 새롭게 보아라, 있는 것을 다르게 만들어 내어야 한다는 탐색 문학인 수필은 힘에 겨워 두들겨 패고 싶을 때도 더러 있다. 돈을 주며 누가 시키는 것도 아닌데 따끔하게 내치지 못하고 내 안에 가두고 있으니 돈보다 좋아 폼 잡고 있는 게다. 그래서인지 병 얻고 약을 받아 먹는 셈이니 조금씩 내가 자라고 있다는 걸 느낀다.

자꾸만 돌리고 있는 내 안의 바퀴는 꽃밭으로 갔다가 말없는 벽에 쥐어박히고서는 비밀이라고 말해 놓고 나른하게 있기도 했다. 욕심이 자꾸 바퀴를 돌리게 한다. 나를 꼬드기고 있는 게 나를 돌리고 있는 바퀴 탓이라고 간 크게 소리 낸다.

얼마 전 지방선거 때 후보자 유세를 들었다. 모두가 내가 되어야 한다는 당찬 소리가 고장난 수도꼭지는 아니었으면 좋겠다. 이번에 한 바퀴만 더 돌리면 괜찮을까 긴가민가하며 또 다시 바퀴에 기름을 칠해서 내보낸다. 바퀴가 술래잡기가 되어 희망을 불러낸다.

요즘 넘어지기를 잘한다. 얼마 전에도 무릎을 다쳐 며칠 고생을 했다. 아직은 쓸 만한 나이인데 뒤통수를 맞는 기분이 든다. 길게 생각하면 인생 반 정도 살았으니 다시 한 바퀴 더 되돌려야 한다. 잘 굴러가야 되는데 바보처럼 상처를 내고 있다. 넘어졌을 때 누가 본 사람 없냐고 남편은 그걸 더 궁금해 했다. 내가 궁금한 것은 이러다 바퀴가 나를 포기하고 놓아 버리고 가버리면 어쩌나 싶었다. 몸살을 하며 뒤척거리더라도 나랑 동행해서 천천히라도 굴러 주는 바퀴가 있어야 한다.

엄마도 언젠가 바퀴를 찾고 있었다. 둘째 아들 집에서 사시는 게 미안했는지 당신은 다른 아들네 집에도 돌아가며 살았으면 했었다. 그건 안 된다고 바퀴를 뺀 것은 나였다. 엄마가 바퀴 대신 입을 다물었다. 엄마를 한 곳에 정지시켜야만 다른 자식들이 바퀴를 잘 돌리며 살 수 있다는 걸 딸인 내가 말할 수밖에 없었다.

엄마라는 이름은 수 없이 자식에게 새 바퀴를 달아 준다. 고장이 났을 때도 군소리 내지 않는다. 자식은 그렇게 자란다. 웅덩이에 있는 바퀴를 빼며 '다시 한 바퀴 더 돌아.' 라고 고쳐주며 쫓아다닌다. 난 엄마의 바퀴를 때깔나게 해드리지 못했다. 그냥 이제는 바퀴 돌리지 말고 제자리에 있으라고만 한다. 빈 수레바퀴 취급하는 나는 세월을 모르는 바퀴이다. 바퀴가 나를 쳐다보고 있다.

엄마의 겨울

그해는 춥고 바람이 세차게 불었다. 엄마가 뭔가를 머리에 이고 들어와서 보따리를 풀었다. 속살이 없는 퍼런 이파리만이 얄밉게 쏟아졌다. 새벽시장에서 버림받은 것이 남아있는 우리 식구에겐 아픈 겨울 숲이 되어 밥상 위에 올랐다.

신작로에 이삿짐 차가 큰오빠 식구를 태우기 위해 왔다. 어려운 형편에 대가족이 살을 비비며 산다는 것은 큰오빠에겐 짐이었을 게다. 큰오빠 식구가 마산으로 이삿짐을 싣고 떠난 후 텅 빈 방에는 색이 바랜 벽지와 장판만이 먼지가 되어 쉬고 있었다.

오빠가 떠난 빈방은 공허했다. 마루에 두 다리를 뻗고 목이 메이도록, 눈이 아프도록 엄마는 울음으로 가슴을 짓찧고 계셨다. 장남과의 이별 아닌 이별이 서러운 건지 가난이 원통한 건지 모른다. 나는 집 모퉁이를 돌아 인기척이 뜸한 한쪽 모퉁이에 서서 방금 오빠가 싣고 간 이삿짐 생각을 했다. 다섯 살 난 조카와의 정이 서러워 소녀는 울었다. 고모라고 부르며 따라다녔던 첫조카를 매일 볼 수 없는 것은 사춘기 소녀에겐 덩그러니 혼자 남아 있는 외로움. 그건 이별이었다.

엄마가 담가 준 그해 김장김치는 속살이 보이지 않았지만 소녀는 묻지 않았다. 중학교 이 학년인 나는 방바닥에 엎어져서 톨스토이 인생을 만났고, 이광수의 사랑에 빠져 있었다. 수난을 머릿속에 집어넣으려고 하지 않았다. 소가지가 말라 있는 막내는 속살이 없는 겨울 숲에서 부모의 가난을 외면하고 싶었다. 상처를 치유하는 방법이었다.

속이 불편하여 온갖 약을 드셨고 뜸질을 하셨다. 임신인 걸 아시고 부모님은 생명을 버릴 수 없다며 낳아서 부잣집 대문 앞에 두고 오자고 약속했다. 딸이 귀한 집이라 마흔 넷에 공주를 얻자 굶어도 그냥 키우자며 욕심을 내며 좋아하셨다. 바나나가 먹고 싶을 때 진정 하고 싶은 것을 하지 못할 때 왜 나를 자식 없는 부잣집 대문 앞에 두고 오지 않았냐고 원망하며 성미를 부리기도 했다.

엄마의 치맛자락을 붙잡고 다녔다. 시장에 가면 손녀냐

고 사람들이 물었고 언제부턴가 서서히 친구들 앞에 주름진 엄마의 모습을 보여주기가 싫어졌다. 엄마는 할머니 같았다. 엄마가 갑자기 학교에 찾아 올까봐 겁이 났다.

어려운 형편이지만 내 양은 도시락에는 가끔씩 계란부침개를 밥 위에 얹어 주었고 열 살까지만 키워 놓고 죽어도 소원이 없겠다며 나를 남겨 놓고 눈을 감을까 봐 엄마는 늘 불안했다. 열 살이면 어디서 눈칫밥을 먹어도 미움은 받지 않으리라 여겼던 것일까.

엄마가 떠난 빈자리에 내 딸이 곁에 있다. 내가 엄마에게 성질을 잘 부렸듯이 내 딸도 마찬가지이다. 늦둥이 딸을 낳아서 좋다고 참으로 다행이라고 말씀하신 엄마. 부잣집 대문 앞에 나를 버리지 않고 엄마의 딸로 살게 해줘서 감사하다. 가난을 알게 해줬기에 넘어질 때마다 일어서려고 했다. 쉬고 싶을 때, 정지 하고 싶을 때 억울해서 지금의 내가 있다.

속살이 없는 퍼런 이파리만으로 담근 김치를 먹고 싶다. 엄마의 그해 겨울은 나의 겨울이었다.

3.

서울 남자

고백

꽃향기가 날 것만 같은 속옷은 참을 수 없는 유혹을 불러 일으킨다. 예쁜 속옷을 마음대로 골라 입지 못하는 것은 속상한 일이다. 맞춤 속옷은 검정 아니면 베이지색이 주로 많다. 발그레한 무늬들을 보이지 않는 곳에 지니고 싶었다. 표준을 넘어선다는 것은 선택의 폭이 다양하지 않다는 것이다. 주문한 속옷이 도착했지만 역시 치수가 맞지 않아 상자째 반품을 기다리고 있다. 아직도 모르겠냐는 질책과 함께 내 유혹은 유혹도 아니라며 마음 한구석을 헝클어 버린다.

지난해 친구의 사무실에 갔다가 낯선 남자와 마주쳤다. 친구랑 편한 대화가 오고가는 걸 보니 친분이 있는 사람 같았다. 그 후 또 한 번 마주쳤고 우연히 두 번을 그와 만난 것이다. 중년의 남자는 나처럼 슬픈 노래를 잘 부를 것만 같았다. 친구와 함께 저녁을 같이 먹게 되었고 그 후 그가 나를 찾아왔었다.

남자와 여자는 처녀 총각처럼 순수한 척하며 앉아 있었다. 순간 바람 한 점이 지나갔다. 차가운 유혹은 이렇게 시작되는 것이구나 싶었다. 엉겨 붙어있는 나를 뜯어 내지 못하고 삐걱거렸다. 목소리가 낮은 그와 내가 훌훌 털고 가지 않으면 슬픈 영화가 될 수 있다는 걸 아는 데에는 시간이 오래 걸리지 않았다. 바람이 접어진 후 알 수 없는 쓸쓸함이 남았다.

옛날이나 지금이나 학교 앞 문구점에는 노트보다 아이들의 마음을 끌어당기는 게 있다. 포장지는 알록달록, 맛은 새콤달콤, 메이커 없는 불량 식품이다. 몸에 해로울수록 먹고 싶어지고 맛나다. 순수한 유혹은 아이들을 성장시켰다.

로버트 제임스 월러가 쓴 실화 소설, 1960년대 미국 아이오와주의 매디슨카운티를 배경으로 한 〈매디슨 카운티의 다리〉라는 영화가 있다. 남편과 자식이 여행을 떠난 사이 집을 비우자 사진작가 로버트 킨 케이트가 이 마을에 나타나 평범한 주부 프란체스카 존슨과 나흘간의 사랑이 시작된다. 애잔한 중년의 사랑, 킨 케이트는 확실한 감정은 일생에 단 한번 오는 것이라며 고백한다.

이 영화의 명장면은 마지막에 있다. 남편 차의 손잡이를 잡고 갈등 속에 눈물을 흘리지만 끝내 차에서 내리지 못하고 그에게 가지 못한다. 변심을 하면 소란을 겪어야 하고 흔들리면 두려움이 없어야 한다. 사랑은 똑같지만 떳떳하지 못하면 다음 생에서 만날 수 없다. 자신의 몫으로 사랑을 불러야 한다.

만 번을 흔들려도 견뎌야 하는 시간, 견디지 못하면 용서받지 못하는 시간, 이것이 중년이라고 했다.

결혼이란 풀리지 않게 묶어 놓아야 하는 보따리인지도 모르겠다. 보따리 안에 살아야 하는 의미를 하나씩 담아가면서 끈이 풀리지 않게 묶는 일이다.

사람은 검은 눈동자로 사물을 본다. 어둠을 통해 인내라는 열매를 맺고 밝은 세상을 본다. 왜 깨끗하고 흰 부분보다 검은 부분으로 보게 만들었을까. 어쩌면 우리는 너무 많은 것을 가지고 있으면서도 모르고 산다. 새로운 사랑도 시간이 지나면 또 움직이고 싶어질 수도 있다.

무소의 뿔처럼 혼자서 가라! 사랑과 욕망은 극복하면서 혼자 가야 한다. 무소의 뿔은 단단하다. 두 개의 뿔이 교차하지 않으면서 진리의 길이 있다. 탐내지 말며 번뇌를 제

거하고 지혜를 갖추어 무소의 뿔처럼 혼자서 가야 한다.

현실의 자기를 받아들인다는 것은 나를 인정해야 한다는 것이다. 나를 사랑하는 법이기도 하다.

세월이 가도 여자는 여자이고 싶다. 살아가면서 흠집 없이 반품이 가능한 순수한 유혹이 온다면 담벼락에 그리는 중년의 사랑도 아름답지 않을까.

우리는 평생 사랑 타령을 하며 목말라 한다. 지속할 수 있는 그 사랑 하나 어디에 있는 걸까.

나의 바람, 너를 사랑이라 부르지 않겠다. 머리에서 찾아온 희미한 가슴이라 부르리라 …….

그놈

그놈을 처음 알았을 때 내 속이 편하지 않았다. 낯선 그 놈에게 처음부터 정이 들었던 것도 아니다. 첫 대면을 했을 때 그냥 몇 번을 받아들여도 괜찮겠구나 싶었다. 누군가에게 들킬까 봐 혹시나 내 모습이 초라해 보일까 봐 겁이 난다. 세월이 가고 나이가 먹을수록 오랜 만남이 지속되자 미안함도 없어지고 내 속의 어지러움도 차츰 중독되어 갔다. 그놈의 체온을 놓을 수가 없어서 내 심장을 울게 하고 웃게 하는 웬수 같은 그놈을 이제는 사랑할 수밖에 없다.

비가 억수같이 퍼붓는 날이면 더욱 그놈 생각이 난다. 포장마차에 뛰어들면 그놈이 변함없이 거기에 있다. 뚝뚝 떨어지는 빗방울 소리가 세찰수록 그놈은 내게 더 달라붙는다. 빛깔 없는 놈이 좋아 부른다. 나 역시 빛깔 없이 다가

갈 수 있기에 오래 사랑할 수 있다. 한때는 끊어 보려고 했지만 칼로 찌르고 잘라 보아도 죽지도 않았고, 잘라지지도 않는 그놈은 분명 내 삶의 방식에 들어 앉아 헤어질 수가 없다.

어느 날 초저녁에 동네 상점가 모퉁이를 돌아서는데 여자가 땅바닥에 퍼질러 앉아서 으응 으응 울고 있다. 구두는 벗겨져 있었고 핸드백은 저만치 내팽겨진 채 통곡하고 있었다. 자세히 보니 예사로운 울음이 아니었다. 깊은 웅덩이에 있는 삶의 징벌을 퍼 올리고 있었다. 그 여자는 그놈의 힘을 빌려 와서 아픔을 토해 내고 있는 중이었다. 나는 보았다. 여자가 뭘 지우고 싶어 하는지 뭘 가지고 싶어 하는지, 지워도 결국은 남기 때문에 으응 소리를 내는 것이라는 것을 알기에 아무것도 묻지 않고 그냥 잠시 물끄러미 쳐다보다 지나왔다.

설거지통에 손을 담그며 가스레인지 위에 찌개가 끓고 있는 동안 내 속도 함께 끓고 있었다. 그래, 그놈의 힘이 아니면 어찌 여자의 몸으로 길바닥에 퍼질러 울 수 있으랴. 울어라, 실컷 울어라. 공범자가 되어 줄 게. 혼자 그렇게 중얼거렸다.

그놈은 매력있다. 아침에 눈을 뜨면 다시는 만나지 않겠다고 해 놓고 또 다시 내가 먼저 만나고 싶어 어둠 속에서 그놈과 마주한다. 경제가 힘들수록 그놈의 몸값은 올라가고 이름도 다양해진다. 더러 사람들은 그놈이 싫다고 밀어내지만 답답해지면 찾는 게 또한 그놈인 것 같다. 그래서 그놈은 도도하다. 똑같은 목마름을 반복하게 만들고, 느닷없는 이별도 있게 하고 만남도 주선한다. 그놈을 잘 다루면 나 자신을 되찾게 되기도 하지만, 잘못 다루면 삶을 어긋나게 할 수 있는 위험한 놈이다. 마음을 헝클어 놓기도 하고, 때로는 용기를 주기도 한다. 소리치지 못했던 일도 진솔하지 못해 가슴속에 가두어 두었던 말들도, 그놈이 있으면 미친 척하고 덤벼들기도 하고, 꼬리를 내리고 마음을 낮출 때도 있다.

나는 그놈을 만나는 습관이 잘못되어 있다. 상대방이 그놈을 모른다고 하면 왠지 서운하고 마음속에 있는 깊이를 숨긴다. 얼마나 세상을 편하게 살았으면 그놈을 아직도 모르는가 싶어 괜시리 투덜대며 나 혼자 그놈을 베어 먹는다. 이러니 어찌 내 입술을 훔쳐 가는 그놈과 헤어지겠는가?

그놈은 꼭 슬플 때만 오는 것도 아니다. 기쁘고 행복할 때도 초대받는다. 죽고 나서 그놈을 버렸는데도 곁에 두고 가며 먹으라고 한다. 이 얼마나 질긴 인간과의 관계인가! 처음엔 그놈이 맛을 알게 하지 않았다. 정이 들수록 맛으로 오는 게 아니라, 가슴으로 맛을 알게 했다. 평소에 부자가 되고 싶다는 생각도 별것이 아니다. 세상에 있는 빌딩도 그놈을 빌려오면 잠시나마 내 것이 되어 기분이 좋아질 수 있고, 자식이 채워 주지 않는 마음 언저리도 그놈과 함께 꿀꺽 삼켜 버린다. 삶의 조건을 바꿔 놓는 그놈을 그래서 좋아한다.

그놈 탓에 성격 좋은 여자라고 소리 듣는 것은 그다지 싫지 않지만 틈을 남긴다. 그 틈 안에 헛바람이 있어 모래성을 쌓기도 한다.

삶도 때로는 그놈 같다. 종지 잔에 왔다가 사발에서 춤추다 크리스털에 허우적거리며 이내 거품이 사라진 후 차가워 지지 않는가! 소리 없이 취하다가 양껏 취해 쓰러지는 공허함이 있다.

아, 그놈! 부러 떼어 놓지 않을 것이며, 부러 다가가지 않아도 내 심변의 굴곡을 타고 나랑 놀아 주는 그놈이 물인 줄 알고 만났다. 물이 아니라 술이었다. 변명을 해본다. 술이 물인 줄 알았기에 마시고 있노라고…. 이별하기엔 이미 늦다.

서울 남자

역전 벤치에 스물세 살의 처녀가 햇살을 쬐고 있었다. 눈이 부시지 않는 오후였다. 봄이 와도 내 마음은 봄이 아니었나 보다. 왕소군의 춘래불사춘春來不似春을 생각하며 덧없이 앉아 있었는지도 모른다.

중년의 낯선 남자가 가까이 다가왔다. 내 사주를 봐주겠다고 대뜸 말을 걸었다. 친구들도 어쩌다 겪었다는 일이 나에게도 다가온 셈이다. 행색을 보니 사주관상을 보는 사람과는 어쩐지 멀어 보인다. 그런데 끈덕지게 치근대더니 대뜸 서울 남자와 인연을 맺어야 평생을 함께할 수 있다며 자리를 떴다.

–서울 남자라.

부산토박이인 가시나에게 서울 머슴아가 치근댈 까닭은 없다. 가방 하나만 달랑 들고 다니는 남자는 사주관상을 보는 사람과는 거리가 멀어 보였다. 하지만 그 말이 자꾸 귀에 맴돌았다.

그 일이 있은 다음 어느 날이었다. 회사동아리 모임에서 자연 캠페인이라는 이름으로 야유회를 겸한, 봉사활동을 어느 사찰 부근에서 했다. 모임의 회원 한 분이 친구라는 남자를 사람들 앞에서 소개했다. 남자의 어투는 말끝이 올라갔다. 그런데 휴지를 줍는 내내 내 뒤를 따라다니며 말을 걸어왔다. 버스에 오른 다음에도 빈 좌석에 앉지 않고 내 곁에 서 있었다. 키는 그다지 크지 않으나 코는 야무져 보였다. 말끝이 제대로 올라가는 서울 남자였다. 막연하지만 이 남자랑 결혼할 것 같다는 예감에 아무도 몰래 마음이 두근거렸다. 역전 벤치에서 들은 말이 다시 떠올랐다. 다음날 서울 남자는 직장 전화번호를 알아내어 연락을 했다.

둘만의 만남이 좀 깊어지자 다방에서 서울 남자를 만난 엄마는 그다지 마음에 들지 않으시는 표정이었다. 키가 작은 것이 흠이었고 외아들이란 점도 썩 내키지 않으시는 눈치였다. 그러나 큰오빠가 서울 남자를 만난 다음에는 엄마의 마음도 달라지셨다. 서울 머슴아는 여자 고생 시키지 않고 잘한다더라며 엄마를 설득했다. 그때 나는 오빠는 여자 고생시키면서 사는가 보다 생각했다. 오빠 말에 슬그머니 귀가 쏠린 엄마는 서로 사귀어 보라고 은근히 승낙하셨다. 말끝이 올라가는 서울 남자를 만난 지 1년 6개월 뒤에 비로소 남편이 되었다.

경상도 오빠만 보고 자랐던 나는 서울 남자에게서 서울 냄새를 맡았다. 부드럽고 상냥한 말씨와 부엌에서 식사준비를 돕는 일과 자신의 작업복을 손빨래 하는 것은 서울남자의 몫이었다. 나를 심심하지 않게 배려하는 마음씨가 고마웠다. 주방에 서 있으면 뒤에서 살짝 끌어안고 간지러운 대사도 잘했다. 너 없이는 못산다는 그런 표정이 영락없는 간드러진 연극배우였다.

결혼 전 오빠들은 심심하면 심부름만 시켰는데 서울 남자는 심부름할 게 없냐고 물었다. 양팔 가득 장바구니를 들고 다녀도 나는 언제나 지갑만 든 손으로 곁에 바짝 붙어다녔다. 세월이 아무리 흘러도 서울 남자는 상냥한 서울 냄새만 물씬 풍길 것 같았다.

어느새 20년 남짓 살았다. 내가 하지 않는 부산 사투리를 서울 남자가 하고 화를 내지 않던 성미가 내 말이 채 끝나기도 전에 소리가 높아진다. 내가 어쩌다 삐져 있어도 안달하지 않는다. 내 스스로 풀어져 돌아오도록 내버려 둔다.

사소한 다툼 끝에 옆방에 누워 하나에서 열까지 세어보아도 따라 들어오지 않는다. 오히려 태평스럽게 코 고는 소리만 문틈으로 새어 들어온다. 더 이상 서울 남자가 아니라는 신호 같다. 그러면 나는 공연히 심술이 난다. 자는 방으로 가서 코를 살짝 비튼다. 그리고 속으로 한 대 쥐어박는다. 그런 낌새를 아는지 모르는지 여전히 콧소리를 드르렁거린다. 머리를 살그머니 쓰다듬다가 나도 몰래 흠칫 놀란다. 어느새 머리칼이 희끗희끗하다. 흰 머리칼이 늘어날수록 서울 남자는 어느새 경상도 남자 냄새를 물씬거린다. 부산 가시나가 해주는 밥을 오래도록 먹은 탓일 게다.

서울 남자였을 때는 간이 작았다. 서울 냄새가 사라지는 것은 남편의 간이 커지는 징조였다. 그날의 사주관상을 믿지 말았어야 했다. 시답잖은 그 말을 믿은 내 눈에 콩깍지가 씌었던 것은 아닐까. 나는 바보였을까. 서울 남자가 나를 그냥 두고 코를 골며 잠 삼매경에 빠져 있을 때는 서울행 기차에 달랑 실어 보내고 싶다. 어쩌면 이 남자는 본래 경상도 남자였는데 내 운명을 맞추느라 부러 서울 냄새를 확 풍기며 내게 와서 나를 최면상태에 빠지게 한 것은 아닐까. 하지만 내 마음은 눈 앞의 서울 남자 아니면 못 산다며 이불을 다독다독 덮어준다.

오랜 세월 서로 눈을 마주치고 살을 맞대고 있으니 말하지 않아도 마음이 통한다. 김치찌개며 전복죽은 나보다 훨씬 맛있게 끓인다. 가게에 가서 뭘 사오라고 미처 말하기도 전에 신나게 달려 나간다. 설령 서울행 기차를 타더라도 도로 끌어내려야 한다. 아니면 내가 끝까지 동행해야 한다.

서울 남자는 오늘도 부산 가시나를 위해 시키지도 않는 찌개를 끓인다. 멋있다. 하지만 어디에 두고 왔을지도 모르는 서울 냄새가 물씬거리는 여자를 혹 생각하지나 않을까. 내가 서울 말씨를 익혀 그의 등 뒤에서 간드러진 콧소리라도 내고 싶다. 그러면 그가 말하리라.

–아이구 징그럽다, 마.

벽지가 벽에게 말하다

혼자라는 기분을 떨쳐 버릴 수가 없었다. 나와 이름이 비슷하고 모양새가 비슷한 한 탯줄을 그리워했었다. 언니라는 이름의 두 글자는 늘 불러보고 싶은 말이었다. 외로움은 생각지 않게 찾아왔다. 머리끄댕이를 잡고 살아도 언니가 있었으면 싶었다. 내 말을 귀담아 들어주고 내 편이 되어주는 언니를 갖고 싶었다. 뜨끈한 아랫목에서 눈동자를 함께 휘둥거리고 입술을 히죽거릴 수 있는 자매를 그리워하는 것은 가슴 속에서 희미하게 보낼 수 없는 일이었다.

옆집 새댁이 언니가 만들어준 반찬을 먹을 때 같은 새댁인 나는 할 줄 모르는 반찬을 하느라 애를 먹었다. 시집보낸 동생이 염려스러워 문턱이 닳도록 살림을 챙겨 주는 옆집 새댁의 언니가 내 언니였으면 싶었다. 내가 밀어내어도 단단한 벽이 되어 나를 보듬어 줄 것 같은 언니, 내 인생에 마음대로 가질 수 없는 게 언니였다.

네 명의 올케언니가 있다. 성격도 다르고 모습이 다른 언니와의 벽은 어릴 적부터의 갈증을 채울 수가 없다. 언니를 귀양 살이 보낸 것은 나였지 싶다. 하나의 뿌리나 마찬가지인 올케언니에 대한 벽을 작살내고 싶지만 벽에 붙은 종이가 말을 듣지 않는다. 언니들이 벽이 아니라 내가 벽인지도 모르겠다.

어릴 적에 연탄가스 때문에 죽을 고비를 몇 번이나 넘겼다. 벽의 틈새를 벽지가 알지 못했다. 앞만 볼 줄 알지 뒤에서 생기는 일은 모른 척하는 것 같다. 언니의 벽에다 내가 이쁜 벽지가 되어 벽의 허물을 단단히 막아 주면 벽은 본질을 잊지 않고 벽지의 허물을 꿰매고 다독거려 주지 않을까 싶다.

남편과 나 사이도 벽과 벽지이다. 벽이 모르도록 벽지가 되어 기대어 산다. 용광로처럼 화가 끓어오를 때도 있지만 그냥 머리 조아리고 이쁜 벽지인 척하면서 기대는 것이 속이 편하다. 벽과 벽지는 한 몸이다 생각하고 허물을 덮는다. 벽은 그대로인 채 벽지보고 고쳐져야 한다고 거드름을 피울 때도 있다. 벽은 군주가 되고 싶은 모양이다.

벽지는 배경을 다르게 만들 수 있다. 어떤 벽인지 따지지 않고 벽에 대한 병을 내가 걷어 내면 되는 것이다. 언니가 아닌 올케언니라는 편견이 스스로 벽이 되었는지도 모르겠다. 그동안 앓았던 병을 고쳐야 한다. 벽을 무시하면 금이 간다. 벽지가 다치게 되니 벽의 아픔을 막아주고 기대어야 한다. 울긋불긋한 나를 꺼내어 벽에다 꼭꼭 눌러서 붙인다.

벽지가 벽에게 말한다. 떼지 말고 잘 붙이고 살아야 한다고.

손톱

손톱에 덧칠한 어설픈 매니큐어를 문지르며 아가씨는 친절한 표정을 짓고 있다. 어설픈 내 삶을 문질러 주는 것 같다.

오후에 친구가 시내에서 만나자고 연락이 왔었다. 썩 내키지 않았지만 손톱 호강을 시켜 주겠다는 말에 솔깃하여 네일아트 잘한다는 가게에서 만났다. 이게 얼마짜리인 줄 알기는 하느냐며 우스갯소리로 생색을 내는 친구에게 내 손이 명품이라 명품 위에 관리해 봤자 별수 있겠냐며 덩달아 나도 호들갑을 떨었다.

언젠가 구순 노모의 손톱을 자르기 위해 들여다본 적이 있다. 엄마는 늙으면 손톱도 빨리 자라지 않는다고 했다. 시인 문정희는 "한쪽 반달은 이승으로 떨어지고 또 한쪽은 어머니 따라 하늘로 가리."라고 팔순 노모의 손톱을 슬프게 읊었다.

엄마의 손톱은 맨발처럼 쓸쓸했다. 살아온 세월이 나지막히 우두커니 있다. 한쪽 반달을 남겨 놓고 가셨다.

가족 중 아픈 사람의 손톱을 잘라서 죽은 사람의 관 속에 넣으면 죽은 사람이 아픈 병을 가져간다고 지인이 귀띔해 주었다. 살아서 죽음까지 고통도 모자라 죽어서까지 가족의 병을 떠안기다니.

손톱을 보면 건강을 알 수 있다고 하니 나쁜 기운을 이미 죽은 사람에게 던져 주고 새 것을 자라게 해 달라는 뜻이지 싶다. 살아 있는 사람의 이기심은 늘 죽지 않을 것처럼 살고 있다는 생각에 웃음이 났다.

얼어 있는 아스팔트 위에 먹이를 찾고 있는 비둘기들은 시내 한복판에서 맨발이었다. 분홍 살갗을 드러낸 맨발과 꽁꽁 언 날씨가 자꾸만 마음속에 자리 잡고 있다.

때때로 비둘기처럼 맨발일 때가 있다. 현실이 항상 맨발인 채 걸어가 보라고 으름장을 놓아 신발 없이 길을 만나기도 한다. 생일날 미역국을 먹는 것처럼 정해져 있는 날이 있다면 여러 켤레 신발을 신어보고 내 발에 맞는 신발을 주문해 놓고 기다릴 것이다. 대본 없는 삶 앞에 덧칠만 해놓고 어설프게 몇 번이고 지우기를 반복하고 있는지도 모른다.

온종일 끌고 다닌 발에게 미안할 때가 있다. 쓸데없는 곳을 데리고 다닐 때도 더러 있고 돈을 벌게 해줘서 고마울 때도 있다. 하루 종일 고마웠다고 주무르며 칭찬해 주면 금세 발은 겸손해지며 양말 속으로 숨는다. 로션도 발라주지 않는 발이지만 우리의 건강도 발 속에 다 숨어 있다고 하니 손톱만큼 자꾸 들여다보며 말을 걸어 심심하지 않게 해주어야 할 것 같다. 보이지 않는다고 위로 없이 덮고만 있을 일이 아닌 듯하다.

분홍색 매니큐어를 바른 손톱 위에 꽃잎이 그려졌다. 여자는 사사로운 것에 즐거움을 느끼는가 보다. 꽃잎은 손톱을 위로하고 있다.

아침에 일어나 머리를 감으면서도 손톱 위에 그려진 꽃잎 때문에 아름다운 구속에 갇힌다. 설거지를 하면서도 물건을 만질 때에도 아찔한 꽃잎 때문에 온통 신경이 손톱에 가 있는 게다. 손톱에 그려진 꽃잎이 열 손가락을 묶는다. 꽃잎에 상처를 주면 손톱이 아파할 것이고 손톱은 꽃잎에게 갈등할 지도 모른다. 지워야 하는 마음으로 이별을 준비하게 될지도. 마음의 부담을 주었다. 친구의 마음이 손톱 위에서 오래 봐 달라고 말을 하는 것 같아 더욱더 함부로 하지 못한다.

손톱이 자라면 꽃잎은 진다. 꽃잎이 사라진 후 손톱은 분수에 맞는 멋을 찾게 될 것이다. 손톱다운 자유가 아닐까 싶다.

비둘기의 분홍 맨발도 손톱에 그려진 분홍 꽃잎도 엄마가 주고 간 반달 손톱도 추운 겨울을 보내고 있다. 비둘기가 맨발로 사는 것이 자기다운 자유인 것처럼 사람의 손톱도 구속하지 않을 때 아름다운 것이다.

나는 맨발이기에 덮고 살아야 할 일들이 많다. 낯설게 걷는 길 때문에 서러울 때도 있다. 더 이상 비울 게 없어 가뿐히 채울 수도 있다. 손톱에 그려진 꽃잎도 어디에 있어야 아름다운 것인지 알기에 구속 받지 않는 자유를 찾아 가야 한다.

숨어서 역할을 다하는 발처럼 손톱이 마음대로 자랄 수 있을 때 손이 편안하다. 여성의 특권도 아름다움을 감당할 수 있을 때 사랑 받는다. 평소 손에게 배려심이 없는 나는 얌전한 꽃잎을 데리고 다니기에는 손톱한테 미안한 일이다.

엄마처럼 손톱이 천천히 자라는 날이 올 것이다. 엄마의 반달과 나의 반달이 언젠가는 만나겠지.

아직은 마흔아홉

'꽃이 아름다운 건 계속 피어 있지 않기 때문이야, 시간 지나면 떨어지잖아. 난 꽃보다 비밀이 많아 아직은 마흔아홉이거든.'

언제부터인지 몰라도 심장이 뛰지 않았고 설렘이 사라졌다. 슬픈 영화를 보면 눈물이 날 뿐이다. 세월이 설렘을 뺏어갔다. 편안해졌다는 의미일 수도 있겠다.

인생을 절반보다 더 많이 살았다고나 할까, 복잡한 생각들이 돌아다닌다. 멈추면 보인다는 말에 잠시 서 있다. 삶에 훈수를 두는 일보다 가만히 있는 게 많은 일을 하고 있는 셈이다.

삶은 그리움인지도 모른다. 미래에 대한 우울증과 흐렸던 지난날이 보여 지금의 나를 바라보며 뒤척인다.

사십구 년의 세월을 사랑하기만 했을까. 군더더기 없는

인생은 없다고 한다. 사는 게 재미없다고 빨리 늙어 갔으면 좋겠다고 뜬금없이 바람을 일으키곤 했다. 오십이 되면 새 말을 배워야 한다. 무엇이 기다리고 있을지 모른다. 마흔아홉까지 한 바퀴를 돌았다. 돌아오는 해에는 아마도 갱년기라는 불편한 증상을 껴안고 세상사에 묵언해야 할지도 모른다. 또 다른 바퀴가 억척같이 둥글게 돌며 세월을 굴릴 것이다.

순간순간 마음이 흔들리고 내 안에 들어 있는 꽃이 시들었다. 누구 때문이 아닌 순전히 나 때문이다. 그래서인지 자꾸만 다치고 몸에 상처가 났다. 사십대가 떠나가며 소리를 내고 있는지도 모르겠다. 그냥 가기에는 내 비밀이 많아 훑고 있는 게다. 다치고 멍든 자리에 약으로 눈물 반을 섞어서 삐뚤어진 흔적을 파낸다.

마흔아홉과 오십은 그게 그건데 자꾸만 나이를 부르고 있는 걸까. 살아온 시간만큼 메아리가 되어 제자리로 돌아와 또 살게 된다. 울려 퍼진 소리가 산이나 절벽 같은 데에 부딪쳐 되울려 오는 소리처럼 이유 없이 나이를 잘도 옮긴다. 봄, 여름, 가을, 겨울이 정해져 있는 것이 메아리의 삶을 엿보는 것 같다. 무언가를 기다리며 소리쳐 불렀던 것들이 다시 돌아오고 또 되돌리며 삶이 부풀어진다. 한없이 고개 숙여 가야 하는 비밀이다.

성 프란체스코는 위로 받기보다는 위로하고, 이해 받기보다는 이해하며 사랑 받기보다는 사랑하게 해달라고 평화의 기도를 올렸다. 진정한 평화는 남을 배려하는 마음이다. 왜 몰랐을까. 흉터가 난 후 깨달음이 생겼다. 나를 고치려면 상처 난 발목을 들여다보며 나는 너밖에 없다라고 숨을 죽여야 한다.

마흔아홉이 저물어 간다. 미숙아처럼 살았던 비밀이 들통났다. 아직은 마흔아홉이다. 시들었던 꽃을 꺼내어 다시 물을 주어야지. 전날의 유혹을 긁어모아 구시렁대며 타이른다. 소금단지처럼 짠맛을 잃으면 안 된다.

한 번씩 나이를 도둑맞을 때가 있다. 나보다 두 살이 많은 지인은 내 나이를 빌려간다. 누군가가 나이를 물으면 나를 힐끗 쳐다보며 내 나이를 말해 버린다. "너의 젊음이 너의 노력으로 얻은 상이 아니듯 나의 늙음도 나의 잘못으로 받은 벌이 아니다."는 영화 〈은교〉의 대사의 일부분이다. 젊음에 대한 갈망이 이 영화에서는 잘 드러나 있다.

육십 대는 육십 킬로로 세월이 간다는 우스갯소리가 있

다. 난 오십 킬로로 달리기 위해 옷매무새를 챙기는 중이다. 아직은 나이를 말하기엔 젊다고 할 수 있겠다. 나이를 먹는다고 큰일이 나는 것도 아니다. 아직은 마흔아홉이 다행일 뿐이다. 모두 사랑해 주지 못했던 지나간 세월은 오지 못할 시간이다. 이젠 아픈 마음으로 남은 시간을 보내지 말아야지.

마흔아홉까지 그냥저냥 살았다. 곤드레만드레 취한 적도 있었고 껄껄껄 큰 소리로 웃은 적도 있었다. 내 비밀도 지키며 살기 힘든데 남의 비밀까지 지키느라 입이 간질간질한 적도 있었다.

뒤져 보았자 사는 건 같은 냄새일지도 모른다. 알몸이라고 생각했다가 더러는 가진 게 너무 많아 행복하다고 말을 뱉는다. "죽느냐 사느냐 그것이 문제로다." 햄릿의 독백이 아직은 마흔아홉인 내게 또 다른 독백이 된다.

때로는 행복한 설렘이 브레이크를 건다.

스카이라운지

바람에 날려간 벚꽃이 아스팔트 위에서 얌전히 숨을 죽이고 있다. 팝콘처럼 매달려 있던 꽃잎은 오래 머무르지 못한다. 친구는 벚꽃이 지기 전 사랑을 한 번 해보고 싶다고 한다. 사랑, 그놈 참으로 좋은 말이라 내 입언저리에도 묻어나 착착 달라붙는다.

사랑 뒤에 붙는 수식은 각양각색이다. 사랑에 미치기도 하고 못 잊을 사랑이라고도 하고 끝없는 사랑도 있고 마지막 사랑도 있다.

전망 좋은 사랑이라 여기며 올라간 곳이 결혼이라는 스카이라운지였다. 좋은 경치도 오래 보고 있으면 혼돈에 빠진다. 사랑이 잘 굴러가기도 하지만 쉬고 싶어서 멈칫거리기도 한다. 사랑해 놓고도 사랑 잊어버리고, 사랑에 한 번 빠지고 싶다고 노래한다. 나도 역시 사랑을 한 번 해보고 싶다고 말하고 있으니 예전에 했던 사랑은 사랑이 아닌 게다. 또 다른 스카이라운지를 찾아 눈꺼풀이 떨고 있다.

헬렌 켈러는 서른일곱 살 때 피터와의 벼락같은 사랑을 했었다. 사랑이 또 한 번 눈멀게 했었다. 삼중고의 장애 안에서도 꽃 피웠던 사랑. 헬렌 켈러는 사랑을 한 후에는 더 이상 성자이고 싶지 않았다고 고백했다. 장애와 사랑과 싸워야 했던 그녀의 고독한 섬에 진동소리가 났겠지만 큼지막한 사랑이라는 기쁨의 열매는 경치 좋은 스카이라운지처럼 달콤했을 것이다.

유년시절 계단이 많은 스카이라운지에서 살았다. 숨이 차서 단번에 올라갈 수 없는 스카리라운지는 중간중간 쉬어가는 골목 바람이 환승역이었다. 집 앞에서 올라온 계단을 쭉 쳐다보고 있으면 아래로 보이는 건물과 자연들이 나의 포로가 되어 속이 시원한 적도 있었지만 계단이 없는 곳에서 살아보고 싶었다. 집으로 가야 하는 계단은 긴 끈 같았다. 끈을 놓지 않아야 집이 가까워지고 전망 좋은 스카이라운지가 내 것이 되었다. 그 스카이라운지는 개발이 되어 지금은 흔적이 사라지고 유년시절의 물기를 머금고 있는 추억만 촉촉하다.

사랑도 개발하고 집도 개발해야 오래 볼 수 있다. 부부

간의 사랑도 내버려 두면 식상해진다. 자꾸 쳐다보며 개발해야 되고 잘 굴러가게 해야지 전망 좋은 스카이라운지가 된다.

아직은 남아 있는 감성의 찌꺼기가 자꾸만 비겁해지려고 한다. 꽃잎이 떨어지는 날이면 달고 다니고 싶은 그 사랑이라는 놈이 같이 떨어져 나갈까 봐 덜컥 겁이 나기도 한다.

하늘과 가까운 스카이라운지에서 하늘을 본다. 멈칫거리는 사랑이 결국은 끝없이 바라보아야 하는 스카이라운지라는 것을 마지막 애원처럼 하고 있다.

사랑이 잘 굴러가고 있다.

친구

김장김치 맛이 싱겁다. 젓갈 사용을 절제한 탓인 것 같다. 무슨 변덕이 내게 온 건지 김장을 작년보다 배로 했다. 식구들은 간이 적당하다고 말하지만 내 입맛은 아니다.

열무가 벌써 채소가게에 얼굴을 내민다. 홍고추를 갈아서 육수 국물과 함께 버무리면 열무김치는 밥도둑이다. 적당히 익을 때쯤 비빔밥, 비빔국수 등 다양한 메뉴로 입맛을 돋운다. 풋김치를 먹을 때쯤 발효된 김치를 자연스럽게 잊고 지낸 적이 많았다.

울음이 터지려고 하는 날이면 친구 생각을 한다. 비가 오거나 내 마음이 고갈되어 안개가 끼었다고 느낄 때 더 그러하다. 친구, 친구라는 두 글자를 입으로 달싹거려본다. 봄 여름 가을 겨울 같은 게 친구이다.

여태 살아오면서 참으로 많은 친구들이 사계절처럼 오기도 했고, 가기도 했다. 봄 새순 같은 친구, 여름 햇볕같이 뜨거운 친구, 가을 들판 같은 친구, 겨울 동백꽃같이 붉은 친구도 있다. 그래도 난 묵묵한 친구가 좋다. 말을 하지 않아도 말을 하고 있는 듯한 장독에 오래 숨겨둔 김치 같은 친구가 짠하다. 떠나보낸 친구의 빈자리를 채우려고 또 다른 친구에게 기웃거리기도 했다. 친구에 대한 위로는 또 다른 친구를 만나는 일이다. 자연이 자연을 위로하듯 난 그랬다.

내겐 삐뚜름이 많았다. 열매를 보지 않고 꽃만 본 적이 더 많아 놓친 친구도 있다. 뒤늦게 익은 김치의 맛이 생각나 꺼내려고 할 때 이미 친구는 또 다른 사람의 친구가 되어 있었다.

친구의 허물만으로 나 자신은 들여다보지 않고 변덕을 많이 부렸다. 우정을 탄핵한 건 언제나 나였다. 진정한 친구란 친구가 좋은 일이 생겼을 때 진심으로 함께 기뻐할 줄 알아야 한다. 어려운 일에 처한 친구를 위로 해 주는 건 누구나 할 수 있다고 어느 책에서 읽었다. 그만큼 기쁨을 진정으로 나누기가 더 어렵다는 말이다. 조금만 더 사랑한다면 조금만 더 마음이 마르지 않는다면 좋은 친구를 많이 가질 수 있지 않을까.

중국 춘추시대 대국 제나라에 관중과 포숙이라는 친구가 있다. 훗날 대정치가가 된 관중이 말했다. '나를 낳은 것은 부모님이지만 나를 알아 준 것은 포숙이다. 무능한 적은 있었지만 무능하다고 하지 않았고 비겁했지만 비겁하다고 말하지 않았다.' 허물까지 사랑할 수 있어야 친구를 떠나보내지 않는다. 끝내 친구로 남는 것은 배려이며 포용이다.

나이가 들면 친구 사귀기가 쉽지 않다. 각자의 개성이 깊어져 어울리기가 어렵다. 무겁지도 않고 은은한 매화 향 같은 친구 만나 그 향기에 나도 젖어드는 그런 친구이고 싶다.

지금도 난 친구들한테 늘 미안한 친구이다. 색이 다른 나 때문에 힘들 게 뻔하다. 뻔한 나는 그래도 친구한테 붙어 있다. 더 이상 친구를 잃으면 남은 삶이 또 뻔하기 때문에 슬프다. 친구 없는 슬픔은 간이 배지 않는 김치 속 같다. 아삭한 풋김치보다 촉촉하게 내어 줄 수 있는 친구이고 싶다.

김치전을 부쳐서 친구를 불러 모으고 싶다. 다들 바쁜 게 친구이다. 이젠 좀 쉬어 가도 될 텐데, 중년이라는 나이는 아직도 갈 길이 바쁜 모양이다. 그리운 친구가 봄 나무와 함께 아른거린다.

소파 개론

굵은 비가 쏟아진다. 새벽녘에 떨어지는 빗소리는 잠결 속에서도 행복하다. 창문을 두들기는 세찬 기척에 이리저리 몸을 뒤척인다. 다음 세상에 태어나면 물이 되어도 좋겠구나 싶다.

아이들이 초등학생이었을 때 거실이 있는 약간 넓은 집으로 이사를 했다. 그때 소파를 집안에 처음 들여놓게 되었다. 황금색을 띤 값싼 소파였지만 결혼하고서 처음 갖는 물건이었다. 새로운 살림살이는 잠시나마 기쁨을 준다.

어느 일요일 한낮에 티브이를 보다가 남편과 나는 스르륵 소파에서 잠이 들었다. 서로가 바닥에 떨어질까봐 꼭 껴안고서 잠이 들었던 게다. 앞집 친구가 열린 문으로 나를 찾으러 왔다. 소파에서 자고 있는 모습을 보고서 그 다음 날 투덜대며 핀잔을 주었다. 넓은 방 두고 좁은 소파에서 그러고 싶었냐면서, 아슬하게 자는 모양이 유치하다는 듯이 미소 지을 때 친구에게 아슬하게 변명을 했었다. 그 이후에도 남편과 나는 꼼짝할 수 없는 좁은 공간을 즐기며 소파에 누워 티브이를 보곤 했었다.

아이들이 커지면서 소파는 작아지고 남편과 나의 사이는 밋밋해져 갔다. 오랫동안 소파가 유치한 우리를 봐주기가 싫었던 모양이다. 남편과 나의 푹신한 이부자리가 되어 주었던 소파는 든든하고 넓어 보였다. 그때의 유치한 사랑을 받아준 소파는 청춘이었다. 지금은 남편만이 가지고 있는 휴식처가 되었다. 베개와 이불을 가끔 소파 위에 올려놓는다. 술에 취해 늦게 귀가하는 날이 많아지면서 소파는 이제 남편만의 잠자리가 되었다.

내가 남편에게 많이 재잘거렸을 때 소파는 웃고 있었다. 나이가 들어가면서 구체적인 언어들을 내뱉는 일이 나도 모르게 귀찮게 여겨졌다. 소파는 맥이 빠지고 젊음을 잃어 가는 힘없는 의자가 되었다. 비를 맞고 있는 게다. 한통속으로 남편과 나는 소파를 밋밋하게 밀어 내고 있는 것일 게다. 말수가 적어진다는 것은 저만의 통화 중인 셈이다. 지루하게 오는 비도 언젠가는 그칠 것이고 그칠 줄 아는 게 비라는 것도 안다.

햇살이 맑다. 소파가 내게 눈길을 준다. 남편을 때때로 차지하고 있는 게 미안한 모양이다. 술 취한 소파가 남편에게 정나미가 떨어져 나갔으면 싶을 때가 있었다. 술 냄새를 싫다 하지 않고 자는 남편을 받아 주는 소파는 간이역이다. 작고 힘이 없는 간이역이라고 그냥 지나쳐서는 안 되는 일이다. 아무 잔소리 없이 짐 보따리를 받아서 쉬게 해야 한다. 나도 사뿐히 걸쳐 앉아 술 취한 소파에게 다가가야 한다. 빠르게 변하는 현실을 따라가느라 다른 집 남편들도 내 남자처럼 간이역을 찾고 있지는 않을까.

소파에게 처방을 묻는다. 세상에서 가장 푹신한 소파가 되어줄 테니 먼저 옆구리를 찔러서 까맣게 잊어버린 낮잠을 자 보라고, 아슬하게 사는 게 잘 사는 것이라고…. 다시 그런 동행을 할 수 있을까. 그런 유치한 사랑이 낯설지는 않을까.

남편의 소파가 측은하다. 측은하게 여기는 마음은 참음[忍]의 실마리가 된다. 남편과 나 사이에 끼어들 틈이 없어서 소파가 처음엔 무거운 줄도 모르고 참고 있었으리라. 내가 참을성이 없다는 것을 눈치챈 소파는 나에게 싫증이 나서 나만 달랑 소파에서 내려놓고 술 취한 남편에게 정을 주고 있는지도 모르겠다.

참음(忍)으로써 남편을 불러 본다.

소파에게 부탁한다. 남편의 코고는 소리를 잘 받아 주는 것처럼 편안하게 있어 달라며 소파를 문지른다.

어느새 나도 간이역에서 서성거린다.

묻지 말고 살게

철학자가 되고 싶은 날은 삶에 겁먹은 날인지도 모른다. 이런 날은 바다에 가고 싶다는 생각을 운명처럼 한다. 자연과 인간의 풍경이 산에만 있는 게 아니라 바다나 강에서도 엿볼 수 있다. 파도를 만드는 바람도, 머리를 헤치고 강으로 들어간 백수광부도 아무것도 묻지말라고 소리를 질렀는지도 모른다.

간절곶에 가면 소망 우체통이 있다. 1970년대 사용했던 우체통 모양으로 무게 7000킬로그램, 가로 2.4미터, 세로 2미터, 높이 5미터인 대형 우체통이 동해바다를 바라보고 있다. 우체통 뒤쪽에 가면 엽서를 쓸 수 있는데 소원을 담아 넣으면 며칠 후 무료로 배달이 된다. 몇 번을 가본 곳이지만 한 번도 편지를 써본 적이 없다.

내가 고독하면 바다도 고독하고 내가 쓸데없는 잡동사니

를 마음에 간직한 채 바다를 바라보면 바다도 오래 머물지 말고 떠나라고 말을 거는 것 같다. 오래 머물면 집착이 생긴다는 걸 시나브로 일러 준다.

묻지 마, 내가 무슨 생각을 하는지 왜 바다 앞에만 가면 덜그럭 소리를 내며 내가 바다가 되는지 묻지 마. 아무튼 그런 것 같다. 이런저런 생각들이 바람이 되어 파도를 만든다. 바다처럼 깊은 생각을 할 수 있는 사유를 갖고 싶다.

연암 박지원 선생의 문장과 사유는 200년의 세월이 지나도 녹슬지 않고 있다. 어떠한 삶을 살 것인지를 번민했던 18세기의 사람이었던 그가 세상을 떠나면서 남긴 말은 "반함을 하지 마."라고 했다. 시신의 입에 동전이나 지폐 금반지 같은 것을 넣지 말라는 의미는 이승간의 연을 완전히 끊겠다는 뜻이었으리라. "고생한 이 육신을 깨끗이 씻어나 주게."라고 말을 남기며 69세의 나이로 세상을 떠났다. 학식과 인격이 느껴지니 묻지 않아도 그 뜻이 가슴에 박힌다.

연암골짜기에 계실 것만 같은 선생님으로부터 소망편지를 받고 싶다. 덜그럭 소리내며 사는 내게, 희로애락은 큰 데서 나오는 것이 아니라네. 묻지 말고 살게. 그저 버릴 것만 있다네.

그래, 묻지 말자. 지난번 나보다 돈을 선택한 지인에게 속으로 얼마나 많이 물어 보았던가. 그건 쓸쓸한 물음이었고, 마무리 짓지 못하는 흐리멍덩한 깊이였다. 이리저리 가늠할 수 없는 생각들을 놓아야 한다. 그저 버리면 되는 것을.

소망 우체통이 있는 동해를 다시 찾을 것이다. 스스로 파도를 만드는 바람이 되지 말자고, 낭만이 있는 파도만 보라고. 엽서를 꺼내 편지를 꼭 쓰고 올 테다.

바다의 깊이를 적어서 연암 선생님에게도, 흐리멍덩한 나에게도 보내면 나를 깊이 알게 될지도 모른다.

13월이 내게 오고 있다.

4.
열두 개의 방

표정

인상과 표정은 비슷한 말일 수도 있다. 좋은 인상을 받았다는 것은 표정이 좋았다는 말이 아닐까 싶다.

상대의 표정이 자연스럽게 눈에 들어오는 곳은 특히 지하철 안이다. 마주보고 있는 사람의 얼굴은 피할 수 있는 게 아니니다. 어쩔 수 없이 조심스레 눈길이 간다. 상대에게는 미안한 일이지만 그도 모르게 표정을 읽는 경우가 있다. 저 사람은 어제 잠을 못 잤겠구나, 저 사람은 지금 심기가 아주 불편한 모양이겠다면서 내 표정을 새삼 챙겨보기도 한다.

웃는 얼굴에 침 못 뱉는다고 한다. 지하철 안에서 밝게 웃는 표정을 만나기란 쉽지 않다. 삶의 고달픔이 얼굴에 판박이처럼 나타난다. 산다는 게 고단한 짐을 지고 가는 것이라며 말해 주고 있다. 반면에 웃는 표정은 다른 사람의 가슴을 환하게 한다. 그럴 때면 내 얼굴표정을 다듬곤 한다. 나는 될수록 편안한 표정을 짓는다.

사진기 앞에 서는 걸 그다지 좋아하지 않는다. 표정 짓기가 난감하기 때문이다. 자연스럽게 웃어야 할 경우 참으로 어려운 일이다. 사진기 앞에서 늘씬한 모델처럼 잘 웃는 사람도 있다. 찍힌 사진을 보면 내 얼굴은 항상 부자연스럽다. 어정쩡한 표정은 안타깝다. 무슨 출구를 찾아 빠져나가야 할 것만 같다. 나는 왜 밤낮 이 모양일까 하고 나를 생각한다.

다양한 표정을 지으며 살고 싶다. 머리를 감을 때는 저절로 얼굴이 일그러진다. 화장이라도 할라치면 이것저것 맛있는 색깔을 찾아 얼굴에 찍는다. 먹음직스런 음식이 눈앞에 보이면 표정이 밝고 커지는 걸 느낀다. 양미간에 주름을 세우는 때는 누군가 나에게 쓸데없는 소리를 할 때이다. 좋은 표정으로 산다는 것은 진액이 고르게 몸속에 퍼져 있어 부드럽다는 것일 게다. 주위환경과 깊은 관계가 있는 게 표정이다.

날씨는 때로 나를 즐겁게 하기도 하고 찡그리게도 한다. 넘실거리는 파도가 나를 울렁이게 하는 날은 내 표정도 덩달아 넘실거린다.

금방 흐리다가 개이는 날씨처럼 표정의 변화에는 그가 갖는 성격도 한몫을 한다. 느긋한 사람은 느긋한 표정이다. 사기 그릇 같은 사람은 쉽게 깨질 것만 같아 조심스럽다. 삐뚜루 모가 진 사람은 삐뚜루한 표정이 나타나서 대하기가 때로는 조심스럽다. 표정은 얼굴에만 나타나는 것은 아니다. 뒤꼭지에도 나타나서 그 사람의 행동을 말해준다.

사람은 감정의 동물이다. 화를 내어 속풀이를 하고 싶을 때는 속을 가라앉히며 고분고분 상대를 편하게 한다. 그런 때 내 마음은 담쟁이넝쿨이 되어 돌담을 타고 오르는 맛이다. 밥 먹고 살아야 하는 직업은 표정관리를 잘해야 아쉬운 대로 살아나갈 수 있기 때문이다.

지난 주말 거제시의 외도를 다녀왔다. 국내 유일의 해상공원답게 아기자기한 표정을 보고 외도의 행로行路를 알 수 있을 듯했다. 840여 종이나 된다는 온갖 식물이 방문객의 표정을 바꾸어 놓았다. 단아하며 웅장하고 청아한 외도에서 가장 많은 표정을 배우고 왔다.

표정 타령을 실컷 하고 나니 내 표정이 궁금해서 거울 앞에 서 본다. 못생겨도 표정만 잘 지으면 살 수 있겠구나 하고 싱긋 웃어본다. 아무리 잘생겨도 무표정한 얼굴이거나 애매한 미소를 가지고 있는 사람은 정이 들지 않는다.

내 손발이 닿는 모든 것들이 환한 표정이면 좋겠다. 아니 내가 먼저 변하는 환한 표정으로 살 때 그 여운이 환하게 돌아오지 않겠는가.

표정 속에는 기도가 있다.

공항 가는 길

예전에 후쿠오카 시의 하카타 항구는 화려하지 않고 단아한 느낌이 들었다. 나리타 공항 역시 조용하고 특별한 색깔이 있는 게 아니다. 독도를 자기네 땅이라 우기는 일본, 그 땅에 난 발을 디디고 섰다.

일본이라면 온천이 먼저 떠오른다. 후쿠오카를 갔을 때 나랑 함께 객실을 사용하는 친구랑 가족 노천탕에서 몸을 담그고 밤하늘에 별이 있었으면 더 좋겠다고 벌거벗은 채 고개를 들고 말하였다. 옷을 벗는 다는 것은 너와 나의 궁금증이 풀리는 것일 수도 있고 더 가까이 가는 인연이라는 단어에 점을 찍는 일이 아닐까.

도쿄에 도착했을 때 오후의 햇살이 일본 냄새에 묻어 있었다. 이케부쿠로 상점가를 지나 지하철을 타고 도착한 곳은 주조역 부근 게스트 하우스이다. 마치 구포역을 옮겨 놓은 듯 너무 닮아 있어 낯설지 않았다. 든든한 세 명의 친구와 함께 하는 여행이 그저 즐겁기만 하다.

일본 전통 요리인 가이세끼 정식요리는 1인 1식판으로 다도의 예에 따라 내는 소량의 식사를 일컫게 되었다고 한다. 한국의 찌개에 여러 사람의 숟가락이 들어가는 비위생적인 식생활보다는 좋아 보였고 나만의 밥상에만 눈길을 주어야 하는 개인주의에서 대화의 덩어리는 건져 먹을 수 없을 것만 같았다.

다음날 큰 목소리로 물건을 소개하는 활기찬 아메요코 상점가가 있는 우에노는 부산의 재래시장인 국제시장에 와 있는 기분이었다.

세계에서 가장 높은 634미터의 전파탑인 스카이트리가 보이는 인근의 아사쿠사는 일본 전통의 느낌 그대로이다. 1월 1일 설날에 소원을 빌기 위해 줄을 서서 기다린다고 하니 온통 신사로 가득한 일본 특유의 색깔이 여기저기 야무지게 묻어나 있다. 스카이트리 옆에 아사히 맥주 본사에서 설립한 똥같이 생긴 유명한 동상이 있다.

어느 나라를 가나 전통 옷에는 그 나라의 빛깔이 있다. 우리나라의 한복을 보면 〈아리랑〉과 도라지가 저절로 옷고름에서 풀려 나온다. 기모노를 입고 있는 여성들을 보니 언젠가 수입품 코너에서 샀던 일본 그릇 냄새가 났다. 많이 화려 하지 않으면서 싫증나지 않고 오랫동안 사용하고 있다. 일본 특유의 주체성이라고나 할까 우리 일행은 기모노를 입은 여성들과 사진 한 컷을 남겼다.

창밖으로 보이는 집들은 우리나라 남해에 있는 다랭이논 같다는 생각을 했던 후쿠오카 시와는 다르게 도쿄는 도시적인 풍부한 색을 가지고 있다. 최첨단 브랜드숍이 늘어선 세계에서 손꼽히는 쇼핑가가 있는 긴자거리는 서울의 강남과 같다. 어느 젊은 연인의 손에 명품 쇼핑 가방이 걸쳐 있었다. 직원이 입구까지 나와 공손히 절을 하는 모습이 보인다. 마치 손님도 명품인 것 같았다.

호타루나 유람선은 서울 한강을 한 바퀴 돌듯이 양쪽 빌딩을 따라 오다이바로 흘러갔다. 우리나라 유람선과는 사뭇 다르다. 정원만 태우는 여유로운 공간에 커피와 맥주를 즐길 수 있는 테이블도 있고 일본의 국민성은 조바심도 없고 꽉 차있지 않는 여백을 즐기는 것 같았다.

국가는 가난한데 국민은 부자로 살고 있는 우리나라는 집도 커야 되고 상점도 커야 관심의 대상이 된다. 자영업 종사자의 수가 적고 회사가 많으며 기술을 중요시 여겨 한 우물만 판다. 그래서 상도덕을 잘 지킨다는 일본은 하나만 잘하면 잘살 수 있다고 한다. 우리나라처럼 통닭집이 한 골목에 여러 개 있어 서로에게 이득이 되지 않는 아픔을 주지는 않는다고 한다.

유람선을 타고 도착한 오다이바는 잔잔한 강 같은 바다였다. 도쿄에서 가장 인기 있는 관광지로 각종 쇼핑몰과 엔터테인먼트시설이 모인 곳이다. 도쿄의 거리를 한눈에 바라볼 수 있는 아름다움은 물론이고 야간 조명이 켜진 외관이 인기인 도쿄 타워. 1998년 프랑스가 일본에 자유여신상을 빌려 주어 1년간 전시했는데 인기가 좋아 복제품을 만들어 계속 두게 되었다는 자유 여신상이 서 있는 뒤편으로는 레인보우 브릿지가 제법 그럴 듯했지만, 부산의 광안대교가 더 멋스럽다.

일본의 면세점은 일본제품을 파는 곳이었다. 많은 관광객이 유명한 일본 제품을 수월하게 사는 모습들이다. 난 몇 번이고 살까 말까, 믿을까 말까를 생각했다.

잘못된 역사를 인정하지 않고 있는 나라가 아니던가. 독도는 신라 지증왕 이래 우리나라 땅으로, 대한민국이 주권을 가진 영토이다. 국민의 자존심을 지키는 것이다.

일본에서 대학을 다니는 한국 청년을 만났다. 이 청년은 조국에 대해 미련이 없었다. 일본은 자신의 능력을 인정하고 장학금을 주고 데리고 간 곳이고, 한국은 입영통지서를 안기려고 했던 곳이라며 밋밋한 슬픔조차도 이제는 남아 있지 않는 조국이 되어 있었다. 스스로 나는 매국노라고 말하며 일본을 자신의 핏줄로 여기는 것 같았다. 사귀고 있는 일본 여인과 결혼을 하고 평생을 살 것 같았다. 나는 그때 이상한 우울증을 느끼는 듯했다. 어쩌면 하느님의 실수로 이 청년은 잠시 한국에 보내졌고 이제는 일본 사람으로 살고자 하는 운명에 묶이는 것 같았다. 성공을 꿈꾸는 이 청년에게 일본이 진짜 운명이 되길 바랐지만 조국을 기억하기를 바라는 마음이 간절해졌다.

2박 3일의 도쿄 자유여행은 친구와의 우정을 깊게 만들었고 한 청년을 통해 잊히고 있는 조국의 슬픔을 알게 되었다. 하지만 그 청년은 언젠가는 한국을 그리워하게 될 것이다. 조국은 버리고 싶다고 버려지는 게 아니니까.

여행 동안 일본에서 공부하고 있는 친구 조카의 도움으로 편하게 다닐 수 있었다. 일본 젊은이는 한국 역사는 관심이 없고 독도가 누구의 땅인지는 더더욱 중요하지 않다고 한다. 단지 한국의 K팝에만 관심이 많다고 한다. 내가 궁금해 하는 질문에 공손히 대답해 주는 이 청년에게는 조국의 냄새가 났다. 친구는 마지막 날 공항 가는 버스 창 밖에서 손을 흔드는 조카를 보며 눈물을 흘렸다. 어쩌면 조국은 이런 것일 게다. 제자리로 찾아 가야 되는 곳, 그래야 편한 곳이 아닐까 하는 생각이 든다.

공항 가는 길에서 나는 내 나라를 사랑한다고 입속으로 중얼거리고 있다. 독도를 훔치려고 하지 말라고 외치고 있다. 내가 아는 두 청년도 훔치려 하지 말라고 말하고 있다. 끝까지 남아서 공항 가는 버스 뒤꽁무니를 바라보며 손 흔들어 주었던 친구 조카 노세웅 군에게 고마움을 전한다.

도둑놈

심장이 멈추는 줄 알았다. 세를 든 단칸방의 자물쇠가 휘어져 있었다. 순간 뒤통수를 한 대 맞은 것처럼 꼼짝할 수가 없다. 휘어진 자물쇠를 보고도 그 문을 연다는 것은 무리였다.

같은 집에 세를 살고 있는 나보다 서너 살 나이 많은 중간 방 언니에게 겨우 입을 열었다. 놀란 가슴으로 함께 조심스럽게 문을 스르륵 여는 순간 방이 아수라장이 되어 있었다. 신혼집에 아직 먼지도 제대로 묻어 있지 않은 텔레비전과 비디오는 주인과 정이 들기도 전에 사라졌다. 방바닥에 얼룩진 구두 발자국이 '나 잡아 봐라.' 하고 간 작은 새댁을 놀렸다. 퇴근 후 울고 있는 신부한테 신랑이 한마디 던졌다.

"마누라는 안 훔쳐 갔네 뭐!"

그러고 보니 나도 새것…. 다행이라는 익살스러운 재치였다.

사라진 자리를 채워야 빨리 잊을 것 같았다. 문갑 위에 빈자리를 24개월 할부로 다시 채웠다. 그러나 잊을 만하면 다시 찾아오는 손님이 도둑놈이었다. 환장할 노릇이었다. 내가 귀티가 난 건지 좀 모자라 보였는지 알 수가 없었다.

이쯤 되니 도둑의 마음 안으로 들어가 보기로 했다. 잠그면 열고 싶은 게 자물쇠고 열려져 있으면 더 이상 열지 않아도 되는 것이 문이다. 내 마음이 도둑이 된 것이다. 자물쇠를 없애고 도둑에게 출입 자유를 주기로 했다. 집을 비울 때에는 방 안에 불을 켜 놓고 다녔다. 부엌 앞에 신발도 가지런히 놓지 않고 설거지통에 그릇도 조금 남겨 놓았다. 꾀를 부린 것이다. 주인이 금방 들이닥칠 테니 조심하라는 경고였다. 신기한 일이었다. 열린 문으로 도둑은 더 이상 들어오지 않았다.

잠긴 문을 뚫고 들어온 간 큰 도둑놈, 열린 문이 비밀 번호인 줄도 모르고 다시 오지 않은 간 작은 도둑놈, 정기 적금 만기일을 갉아 먹은 어정쩡한 도둑놈. 지금쯤 어느 하늘 아래에서 마음 고쳐먹고 잘 살고 있는지…. 자유를 줬더니 구속이 되었고 구속을 했더니 도둑놈은 자유를 누렸다.

직장에 다닐 때 자유를 갈망했다. 일만 그만두면 이것저것 하고 싶은 것도 많았고 만나고 싶은 사람도 많았다. 막상 직장을 그만두고 나니 헐렁한 바지였다.

만나고 싶은 사람들은 나보다 더 바쁘게 살고 있었고, 하고 싶은 일들은 여유로운 시간들이 조금 더 기다려 보라고 게으름을 피운다. 그냥 다가가기만 하면 자동으로 문이 열리는 줄 알았다. 대책 없이 구속을 즐긴 탓으로 예전에 내게 시간을 내어 주려고 했던 모든 것들이 손사래를 치고 있는 것이다. 뒤늦게 도둑질하려고 하는 마음이 들킨 후 다시 구속에 갇혔다. 슬며시 누군가가 자유를 부추겨 준다면 생기가 돌 것만 같았다.

지인의 집을 방문했다. 사람 좋고 성격도 활발해서 이웃에게 나눠 먹는 걸 좋아하는 여인이다. 누렇게 익은 호박 마냥 마음이 익어 있다. 호박죽을 큰 대접에 듬뿍 담아서 건네며 먹고 더 먹으라고 한다. 잠시 후 현관 밖에서 띠디디 비밀 번호 누르는 소리가 나더니 문이 열리고 한 여인이 냄비를 들고서는 "호박죽 좀 줘." 주인의 인심을 냄비에 담아서 들어온 문으로 나가는 것이다. 황당하고 당황스러운 일이 아닐 수 없었다. 이웃사촌이 좋다지만 호박죽을 잘 끓이는 여인의 집은 비밀 번호가 있어도 비밀이 아니고 닫혀 있어도 열린 문이었다. 어떤 이유로 한 번 가르쳐 준 비밀번호가 제 역할을 잃고 있었다. 새벽에도 두고 온 물건을 찾으러 초인종 없이 비밀 번호를 누르는 소리에 도둑이 들어오는 줄 알고 뒤로 자빠질 뻔했다며 웃으며 말을 한다. 이미 이렇게 트고 사니 비밀 번호를 바꾼다면 마음의 금이 가게 될지도 모르는 일이 된 것이다.

자물쇠를 잃어버린 여인은 비밀 번호와 함께 예전의 나처럼 자유를 쥐어 준 것이다. 자유를 제대로 읽을 줄 모르는 호박죽을 담아간 여인이 도둑 아닌 도둑 같고, 도둑 같은 도둑 같아서 쓴웃음이 나왔다.

해가 지고 있는 어둠을 달고 집으로 돌아오면서 나는 남모르게 얼마나 많은 도둑질을 해놓고 비밀이라고 입을 다물고 있는 게 아닌가 싶었다. 내가 편해지기 위해 남의 아픔을 모른 척하며 다른 사람에게 떠넘기는 도둑질을 얼마나 했는지. 남의 충고를 진심으로 고마워할 줄 모르고 쓸데없이 남의 자물쇠만 열고 싶어 하는 진짜 도둑놈이 나인지도 모르겠다.

매듭

목도리 하는 걸 그다지 좋아하지 않는다. 몇 해 전부터 겨울이 오면 목을 감싸고 다녔다. 몸의 적신호가 켜지고 나서부터 건강 염려증이 은근히 생겼다. 겨울에 목을 감싸는 것이 나를 감싸 주는 것처럼 여겨졌다.

요즘 유행하는 목도리를 구입했다. 구멍 사이로 방울을 끼워 넣기만 하면 편하게 착용할 수 있는 거였다. 하지만 자꾸 방울이 빠져나가서 목도리의 맵시를 고치다 보니 꼬이는 게 여간 불편한 게 아니었다. 저절로 매듭이 만들어지면서 결국 벗을 때는 매듭을 풀어야 하는 어려움이 반복이 되니 슬그머니 짜증이 났다. 어느 날 성질을 이기지 못하고 가위로 싹둑 잘라 목도리를 쓰레기통에 버렸다.

나는 항상 매듭을 푸는 재주가 없다. 매듭을 짓고 나면 다시 고쳐 푸는 데 시간이 많이 걸리기도 하고 매듭은 매듭인 채로 남겨 두기도 한다. 시간으로부터의 자유만 주어진다면 천천히 다가갈 수도 있지만 그렇지 못하다.

일을 할 때도 성급하게 매듭을 짓다 보면 다시 처음으로 돌아가는 경우가 흔히 있다. 매듭을 풀어 가며 매듭을 지어야 할 때는 고통이 따르기도 한다. 삶의 안쪽을 들여다보면 매듭 투성이다. 저절로 풀리는 매듭도 있지만 꼭 풀리도록 애를 써야만 해결되는 경우가 더 많은 것 같다.

로미오와 줄리엣은 매듭을 풀지 못해 죽음으로 끝장을 본 게, 선택한 매듭이었을 거라고 난데없는 생각을 해본다. 매듭을 푸는 것과 매듭을 맺는 것은 한 가지인지도 모르겠다. 사랑해서는 안 되는 인연은 없다고 매듭을 지어 눌러앉았을 게다. 이룰 수 없는 사랑은 서사시로 남아서 아름답기까지 하다.

우정에도 매듭은 너와 나 사이에 줄타기를 하며 잇기도 한다. 깊이 서로를 들여다보지 않고 토라진 우정이 내게도 있다. 이제는 어색해서 매듭을 그냥 둔다. 세월이 매듭을 풀어 줄 것이라고 믿는 부분도 있지만 사실은 매듭을 푸는 방법을 몰라 어정쩡거리고 있다. 얼마나 많이 후회를 해야 마음 안에 있는 부끄러움이 살아서 움직일까. 나는 죄가 많다.

엄마의 초상을 치르는 마지막 날이었다. 큰오빠가 엄마의 영정 앞에 누워 천장을 바라보며 혼자 이야기를 하고 있었다. 주위를 살피니 나 혼자밖에 없었다. 큰오빠는 나더러 들으라고 푸념의 보따리를 풀고 있는 중인 것 같았다. 엄마가 장남에 대한 기대가 컸다는 걸 알지만 먼저 태어난 게 무슨 죄냐고 했다. 생활비 부모님한테 보내 주느라고 당신 자식들 어릴 때 바나나를 제때 사주지 못한 게 가슴에 한이 되어 있는 듯 말했다.

나도 그때 바나나를 먹지 못했다. 오빠가 분가한 후 남아 있는 우리 식구도 얼마나 힘들었는지 속 깊이 모르고 있는 듯했다. 평생 엄마를 모시지 않은 탓을 동생들에게 돌리는 듯했다. 그래, 장남이란 팻말이 뭐길래 동생들이 품고 있지 않는 죄를 항상 무겁게 지고 있었던 것이다. 엄마에게 죄를 비는 소리였지만 순간 나는 마음이 비뚤어져 공손하게 대들지 못했다. 오빠가 매듭을 풀고자 할 때 생각하고 또 생각했어야 하는데 그냥 질퍽거리는 마음만 남아 있었다. 내 마음이 정돈되지 않았다. 나의 사춘기에 대한 기억이 너무 정리가 잘 되어 있는 탓이기도 했다. 큰오빠는 장남의 굴레라는 매듭을 풀고자 했고 동생들과 매듭을 더 단단하게 묶어 놓고 싶어 했다.

내 몸에 걸치고 있던 매듭도 풀지 못해 가위로 자르고 쓰레기통에 버린 나이지 않는가! 그런 나에게 오랜 시간 가슴 한편에 묻어두고 있던 단단한 매듭을 풀라고 하니 큰오빠의 말들이 허공에서 허허롭기만 하다.

매듭은 푸는 게 아니라 다시 맺는 것이 매듭인 것이다. 언젠가는 맺어야 되는 매듭을 쥐고 있는 게 고통이라는 걸 안다. 어쩌다 보니 정말 나는 매듭 투성이다. 늘 이 모양이다.

밥

사람들은 밥에 갈등을 담는다. 더 먹고 싶어도 몸에 붙을 군살 때문에 밥에게 군말을 한다. 밥을 대신해 줄 먹거리 때문에 눈치를 보고 있다. 다른 기호 식품을 먹을 때는 상대가 밥 먹자고 하면 밥을 보고 손사래를 친다. 장소에 따라 밥이 촌스럽다고 느낄 때가 있지만 배가 고프면 사랑하게 되는 게 밥이다.

밥을 먹고 있으면서도 밥이 줄어드는 것이 슬플 정도로 밥이 좋았던 그때는 밥이 한이 되어 삶이 헝클어지기도 했다. 눈물 젖은 빵처럼 따뜻하게 부르고 싶은 이름이기도 하다. 밥을 먹을 때는 겸손한 마음이 들어야 한다. 잘 살고 있다는 되뇜이 세상 속으로 찾아간다.

이별을 할 때에도 마지막으로 밥이나 한 그릇하자고 한다. 밥이란 곰곰이 생각해보니 묘한 구석이 있다. 다이어트를 방해하기도 하고 서먹한 관계를 밥 먹자 한마디로 마음이 달래지기도 한다.

아침잠이 많은 나는 식구들 밥 챙겨 주기를 어려운 숙제처럼 풀고 있다. 남편이 깨우면 콧소리 한번 내고 다시 자는 척하니 스스로 챙겨 먹고 출근할 때가 더러 있다. 매번 밥은 내게 기회를 주지만 딴짓을 하고 있다.

밥은 받아먹고 싶은 사람과 주고 싶은 사람과의 관계에서 힘이 되어 움직인다. 누구랑 먹는가에 따라서 밥은 잘 넘어 가기도 하고 목구멍에서 막히기도 한다. 지인한테 미안한 마음이 들지 않게 밥이 잘 넘어 가는 사람이고 싶고 지인들과 함께 있어도 어색하지 않는 밥이 되고 싶다.

가족이라는 단어보다 밥을 먹는다는 뜻을 지닌 식구라는 단어가 더 정감이 간다. 옛날에는 식구가 밥을 나누어 먹는 혈연으로 소중한 시간을 함께했었다. 핵가족이 되면서 오히려 밥을 같이 먹는 시간은 줄어들었다. 엄마도 아빠도 각자의 바쁜 일상에 맞춰서 밥을 먹게 되고 자녀들은 학교에서 밥을 먹는다.

패스트푸드가 밥을 대신하고 식구끼리 밥 먹는 횟수가 줄어드니 서로가 깊은 마음을 알아내기가 쉽지 않다. 사회에서 성공한 아버지를 둔 자녀일수록 자식의 출세를 위해

기러기 아빠가 되거나 자녀가 먼 타국에서 밥을 먹는다. 나이가 들수록 남자들이 혼자서 밥을 챙겨 먹는 일이 많다고 한다. 여자들은 갈 곳이 많이 생긴다. 한 달에 계모임만 몇 개이고 보니 밥 타령 했다가는 이혼 당한다는 농담이 있다.

여성시대가 되어 가면서 밥은 변천해 가고 있다. 60년 전 어머니들은 부뚜막에 앉아 밥을 먹어야 했고 고약한 시어머니 시누이 시집살이 때문에 배고픈 며느리도 있었다. 6·25를 겪은 어느 할머니께서는 밥은 생명이라고 회상한다. 배고픔과 싸우는 것은 자식을 지키는 일이었다. 지금 현대 여성에게 밥의 의미는 남편의 출세에 따라서 달라진다. 밥은 먹는 것이 아니라 보이기 위한 존재 가치로 퍼 담아지고 있다.

집에 혼자 남아 있을 때가 가끔 있다. 괜시리 주방에서 어정쩡거린다. 심심해서 밥 한 그릇을 퍼 담는다. 배가 고파서 먹는 밥이 아니라 이럴 땐 이유 없이 먹는 게 밥이다. 밥이 나랑 놀아 주는 셈이다. 부탁을 잘 들어 주는 친구마냥 힘이 된다.

소설 〈성황당〉의 주인공 순이는 남편이 무사히 돌아오

기를 매일 기다리며 밥 한 그릇을 담아두고 성황당 앞에서 두 손을 비벼댄다. 요즘 나의 성황당은 깊고 넓은 바다이다. 아들이 바다 위에 있기 때문에 밀물과 썰물이 되어 바다에 꽂혀 있다. 아들이 바다색 군복을 입은 이후 밥 한 그릇이 줄어들었다. 밥 흔적을 지우려고 내가 밥 두 그릇을 먹는다.

예전의 사춘기 때처럼 허기가 지는가 싶다. 배가 불러야 잠이 오니 밥이 수면제가 된 것일까. 당분간 바다가 낭만이 될 수 없는 지금 밥 잘 먹고 나라도 잘 지키고 있다는 것을 밥 위에 얹어 먹는 미역나물이 일러 준다.

밥은 집안 살림 마냥 쉽게 정리 되는 게 아니다. 밥을 먹는다는 것은 삶의 가치를 아는 것이다. 밥의 품격과 색깔은 자꾸만 미련을 품게 한다. 난 밥과 연애 중이다.

배부른 돼지보다 배고픈 소크라테스가 되라고 했던가! 소크라테스가 되기 위해 오히려 배부른 돼지가 되어가고 있다. 밥 때문에 살고 있다. 영원한 사랑처럼 다가온다.

밥에게 절한다. 비극이 되지 말고 희망이라는 그릇에 담아지라고. 편견을 버리고 그늘진 곳을 쫓아 다녀야 한다고. 갈등하지 말고 심심한 곳에 있지 말고 제자리를 찾아 밥이 되어야 한다고.

또 밥 생각을 한다.

선택

하나

두 개 중에 하나를 선택해야 할 때가 있다. 이럴 땐 그 하나가 미워서나 싫어서가 아니다. 꼭 하나를 선택해야만 하기 때문에 이것이냐 저것이냐 하면서 고민하게 된다. 어느 것을 택하느냐에 따라 우쭐하거나 실망할 수도 있다. 거기 따라 살아가는 길이 이렇게도 되고 저렇게도 된다.

매번 선택에 부딪힌다. 선택하는 일이 어려운 일이기는 하지만 어차피 삶은 선택과 더불어 살게 된다. 마음을 여는 것도 선택이고 마음을 닫는 일 또한 선택이라는 기로에서 하나를 택하게 된다. 수 없는 선택과 수 없는 후회가 마음에 걸린다. 한 바가지 선심을 쓰지 못한 것에 대한 부끄러움이, 똑 부러지게 내 주장을 펼치지 못한 미지근한 선택이 주름살이 되어 나를 괴롭힌 때도 있다.

잘 산다는 것은 좋은 생각을 선택하며 사는 것이리라. 좋은 책과 함께하면 좋은 생각이 쏟아진다. 답답한 호리병처럼 가슴을 진정시키려면 좋은 생각을 가꾼 심장으로 선택하는 마음을 다독여야 한다.

암 선고를 받고서는 항암치료를 받을 것인지, 산에 들어가 자연요법으로 건강을 되찾을 수 있는지 선택에 따라 삶과 죽음이 달라질 수도 있는 세상이다.

선택이란 어쩌면 보이지 않는 심지를 태우는 일이다.

둘

우리나라를 다녀간 교황 프란치스코는 열두 살 때 짝사랑한 소녀가 있었다고 한다. 그 소녀에게 청혼을 해서 만약 허락을 받지 못하면 사제가 되겠다는 결심을 했다고 한다. 정신적 거인이신 그분의 선택은 참으로 빠른 선택이었다. 하느님만을 선택한 길은 시작과 끝이 같은 선택이다. 변하지 않는 선택은 우리네 삶과 사뭇 달라 내가 나로서 살지 않을 때 가능하지 않을까 싶다.

신앙이 있다는 것은 신앙이 없는 사람보다 선택이 자유롭지 못하다. 남들에게 모범이 되어야 한다는 부담감을 신앙이 한몫 거든다.

비우고 사는 일이 선택이 된다면 채움 또한 선택할 수 있다. 기도하고 실망하고 포기하고 또 기도하고 실망한다 해도 기도가 선택이 되어 살아가는 것도 자아를 안심시키는 선택이 된다.

신앙은 열망이다. 서로 사랑하라고 하지 않았던가. 바른 사랑을 선택하면 최소한 고통스럽지는 않다. 위태로울 때 마음 한편에 잡아 두고 있다.

매번 알몸처럼 환히 밝혀 마음의 자리바꿈을 위해 좋은 선택에 끌리고 있다. 무슨 이유가 있을까. 내 안의 나를 사랑하겠다는데.

셋

–물은 셀프입니다.

이런 문구가 이제는 어색하지가 않다. 효도가 셀프입니다 라고 누군가가 말한다면 아직은 어색하다. 맛있는 대화가 될 수 없다. 그건 선택이 될 수 없다. 효도는 선택이 아니다.

문득 늙고 싶지 않다는 생각이 가끔 들 때가 있다. 멈추지 않아야 늙지 않는다. 멈추었기 때문에 늙는 것이라고 한다.

효도를 하지 않고서 둥글게 살았다고 말할 수 있을까. 요즘 중년들은 자식에게 효도를 바라지도 않는다고 선택조차도 가리려고 하지 않는다. 난 자식에게 효도해라고 말하며 미리 이것저것 주문을 해 놓았다. 미리 효도라는 선택을 찍어 놓았다. 어떻게 변할지 모르지만 스스로 후회하지 않기 위해 진짜 선택을 자식에게 안긴 것이다. 세월이 달라졌다고 윤리가 달라지는 것은 아니다. 선택할 수 있는 것과 선택해야만 되는 것은 다르다.

효도는 둥근 지붕 같은 것이다. 지붕 아래 떠받치고 사는 게 자식이다. 눈치 없는 부모라고 말해도 내 선택에 힘을 준다. 엄마도 나처럼 효도하라고 처음부터 말했으면 효도가 셀프가 되는 선택으로 있지는 않았을 텐데.

엄마는 분명 바보다. 진짜 선택을 내가 모른 척하고 있었으니까. 나는 바보가 되지 않으려 이것저것 선택하는 지혜로 산다.

어느 해 바다

사람 냄새를 가장 많이 끌어안고 있을 것만 같은 여름바다는 정감이 간다. 푸른 바다는 사람들의 함성에 갇혀서 움직이지 못하고 그냥 그 자리에서 출렁출렁 소리만 내고 있다. 쓸쓸한 겨울 바다보다 젊음이 있는 여름바다를 좋아하는 것은 바다도 나이가 있고 때가 있기 때문일까.

부유생물인 플랑크톤이 대량 증식하여 바닷물의 색깔이 붉게 변화하는 것은 어민들도 대응하기 힘든 두려움이고 생활고다. 바다는 쓰레기를 견뎌 내어야 하는 괴로움이 있기도 하고 사람을 아프게 할 때도 있지만 바다를 찾아가 내 슬픔을 드러낼 때도 있다.

어느 여름날 법정에 서야 할 때가 있었다. 내키지 않는 곳을 갈 때는 발걸음이 무겁다. 검찰청을 둘러싸고 있는 벽들도 법의를 입고 있는 사람 같다. 증인에게 주는 교통비는 이만구천 원. 누런 봉투 하나를 서기관이 내밀었다. 피고는 푸른 수의囚衣를 입고 있었다. 직원들의 임금체불과 고객에게 끼친 손해의 대가를 수의囚衣가 대신 고개를 숙이고 있었다.

그곳을 빠져 나와 바다 앞에 앉았다. 바다 모퉁이에서 푸른 옷이 출렁이며 나도 마음의 멍이 들어 있었다. 나로 인해 상처를 받았을 사람을 생각하니 나도 수의囚衣를 입어야 했다. 거친 물살과 함께 떠다니며 마음이 바다 빛에 갇혀 있다. 끝이 보이지 않는 바다를 보면 삶이 싫다는 다짐은 너무 빠른 것이라고, 끝까지 가지 않고 멈추는 것은 부치지 않은 편지처럼 비겁한 것이라고 푸른 수의를 두른 파도가 귀띔을 한다.

착잡한 기분으로 바다를 보면 아무 생각 없이 바다가 무거워 보이기 하고, 기분 좋은 날 바다 앞에 있으면 배들처럼 내 마음이 둥둥 떠다닌다. 바다를 찾을 때마다 첫눈을 만난 듯 새롭다. 내 그릇에 담아보기도 하고 물 따라 바다 너머로 건너보기도 한다.

아기자기한 남해바다는 편안하다. 경사진 산비탈을 개간하여 층층이 만든 계단식 다랭이논은 규모가 작아 밭떼

기가 아기자기하다. 탁 트인 바다가 부드럽다. 억척스럽게 삶을 꾸려 나간 조상의 모습도 스친다. 급변하는 시대에 소와 쟁기를 들고 농로가 없는 산비탈을 오르며 묵묵히 있는 사람. 바다도 어느새 운명의 굴레가 되어 있는 듯하다. 바다는 다른 물빛을 지닌 채 사람 곁에서 땀을 닦아 준다.

흙같이 부드러운 모래사장에 앉아 바다에게 말을 건넨다. 금 나와라 뚝딱! 바닷속 보물들이 파도를 타고 다가오게 하려면 우린 깨끗하게 지켜줘야 한다. 바다를 사랑한다는 것은 내 몸을 사랑하는 것인지도 모른다. 한 번씩 붉은 바다로 변하며 사람들을 놀라게 하는 것은 사랑받는 만큼 입속에 보물을 넣어 주겠다는 바다의 의지인지도 모르겠다.

바다 바람이 내 앞에서 살랑살랑 흔들린다. 산다는 것은 이렇게 흔들리며 바다 너머를 바라보는 것이다. 멍든 자국들을 씻어내는 바다 앞에서 마음의 수의囚衣를 벗는다.

창가에 앉으면 바다가 옆에 있어야 짝이 맞는 것 같다. 아메리카노 한 잔을 들고 있으니 바다는 어느새 나의 그림이 된다.

열두 개의 방

열두 개의 방을 지나야 자신의 결핍을 알게 된다고 한다. 결핍은 꿈을 갖게 하고 움직이게 한다. 성장시키는 에너지가 된다. 만남과 이별이 다녀간 흔적 뒤에 새로운 방이 어김없이 찾아온다.

한 해가 시작 되는 방에서는 늘 그랬다. 달라지고 싶다고, 다시는 안 그래야지, 이런 맹세를 수없이 하게 된다. 첫사랑을 만나듯 설레임을 가지곤 한다. 새 책을 펼치는 첫 페이지처럼 마음 글씨가 똑바르다. 여유로움 때문일까. 추워도 조급하지도 않고 다음을 생각하며 기다림이 어수선하지도 않고 차분해진다. 이 방에서는 되돌아보지 않는다. 앞으로 잘 가기만 하면 되지 않을까 싶다.

입춘이 들어 있는 방에서 아이들의 소리가 들린다. 학교를 끝마치는 노랫소리는 꽃다발이 된다. 꽃다발을 든 얼굴이 사진 속에서 웃는다. 예전에 나는 울었지만 요즘 아이는 감성이 다른 것 같다. 아쉬운 날이 아니라 버리고 가는 날이다. 다른 방보다 짧은 날들이 모여서 부족한 것을 더 채워 놓으려고 가족을 모이게 하는 설날이 들어 있는지도 모르겠다. 나이를 보태는 일도 이 방에서부터 슬그머니 시작된다.

시작의 방은 삼월이다. 새로운 만남, 새로운 공부도 여기에 들어와야 안정감이 있다. 뭘 하면 좋을지 온전한 봄을 기다리며 꽃을 따라간다.

열두 개의 방에는 각각 나름대로의 할 일이 있다. 사계절이 모여 서로 조화를 이루며 살고 있다. 어떤 방에서는 메주 냄새가 나기도 하고 또 어떤 방에서는 갈대가 보이기도 한다.

아들을 군에 보낸 후 세상에 모든 부모들은 달력에 눈길을 준다. 시간이 얼마쯤 지나고 나면 익숙한 시간들을 그냥 달력에 맡겨 버리고 기다린다. 저절로 넘어가는 게 달력이다. 나이가 들수록 가물가물한 기억들은 달력을 넘기며 짚어 보아야 대화가 된다.

책상 위에는 두 개의 탁상 달력이 나란히 있다. 한 개의 달력에는 지인과 나 사이를 기억해 두어야 하는 사람 냄새가 있고, 약속 장소나 시간이 나를 쳐다보고 있다. 또 다른 달력에는 일과 관계되는 일정들을 메모해 두었다. 두 달력을 번갈아 보아 두어야 하는 일이 출근해서 먼저 하는 일이다.

열두 개의 방에는 일 년이라는 생명줄이 걸려 있다. 지인과의 관계를 챙겨야 하는 일과 실수해서는 안 되는 기억을 이 열두 개의 방에서 다독거리고 있다. 생명을 붙이고 있다.

12월의 마지막 방은 덧없는 방이다. 나는 언제나 거짓말쟁이가 된다. 첫번째 방에서 했던 맹세는 보이지 않는다. 차라리 빨리 지나갔으면 좋겠다. 나를 믿어 줄까 매번 지키지 못한 약속과 번덕스러운 나 때문에 12월의 방은 허전하다.

열두 개의 방에 걱정이 하나도 없는 날은 없다. 지혜로운 것은 집착을 내려놓는 일이다. 수많은 것들이 낡아가고 늙어가고 있다. 꿈을 지속시키기 위해 필요한 결핍의 방들이다. 살아야 할 이유를 찾아 살아야 하는 것들 때문에 잃어버린 시간들을 찾아 주기 위해 열두 개의 방들이 자꾸만 시선을 끌어당긴다.

나 때문에 속상한 방들은 싫다. 잊고 있는 나에게 보여주는 힘은 오늘을 놓친 날들 때문이다. 내일은 자꾸 오지만 똑같은 오늘은 오지 않는다. 그래서 열두 개의 방은 힘이 있다. 사랑하는 이에게 사랑한다는 말을 하는 것, 어쩌면 오늘 밖에 없는 거라고 말을 한다.

온통 기억만이 남아 있다. 혼돈이다. 달력은 자꾸만 덧없다. 나는 어쩌다 거짓말을 할 때가 있다. 그러나 거짓말을 못하는 달력이 있다. 엄마의 달력이다. 하늘과 멀어지는 엄마의 등은 바뀌어 가지만 달력에 동그라미가 그려져 있는 큰 달력은 거짓말을 하지 않는다. 엄마의 달력은 가물가물해져가는 기억들을 붙잡고 있는 장부이다,

많은 생각들이 달력과 함께 한다. 달력은 움직인다. 달력 속에서 나의 역사도 자연스럽게 움직인다. 달력 속에서 울고 웃는 나를 본다.

짝

여자 1호는 남자 3호를 선택했다. 남자 3호는 여자 4호를 선택했다. 여자 4호도 남자 3호를 선택했다. 남자 3호와 여자 4호는 짝이 되었다. 예전에 재미나게 보았던 〈짝〉이라는 방송 프로그램이다. 짝을 만난 연인들은 입가에 미소가 머금고 짝을 만나지 못한 연인들은 심통한 표정이다.

짝이 된다는 것은 소중한 것이다. 그러고 보니 나도 한 남자와 짝이 되어 살고 있다. 심상이 뒤틀릴 때는 짝이 된 게 싫어질 때도 있고 남편이 조금 잘해줄 때는 짝이 되어서 다행이다 싶기도 하다.

형제들도 부모들이 태어나게 해준 대로 짝이 되어 살고 있다. 서로 싸우고 웃고 지내면서 짝이 되어 사는 셈이다. 나의 부모님도 나랑 짝이 되어 평생 잘 지내라고 오빠 네

명을 짝으로 보내주었다.

어떤 짝은 나랑 소통이 되기도 하고 또 어떤 짝은 삐뚤어진 글씨마냥 다시 들여다보며 불만이 터져 나오기도 한다. 한 사과 상자 안의 사과 맛이 똑같지 않듯이 짝으로 만난 형제들도 개성이 각각이다. 짝으로 산다는 것은 의미 있는 것이기도 하고 불편할 때도 있지만 형제라는 짝이 가장 변덕이 없는 단단한 끈인 것 같다. 부부는 짝으로 만나 헤어지면 짝이 될 수 없다. 자식들은 아버지 엄마라는 짝보다는 더 깊은 끈으로 묶어 놓아 남이 될 수 없다. 나와 오빠들의 짝 궁합은 맞춰 보았자 별 소득이 없는 게다.

점쟁이 비슷한 어떤 분이 나랑 글쓰기는 맞지 않으니 글을 쓰지 않는 게 더 좋겠다고 넌지시 귀뜸을 했다. 정신 차리라는 신호를 보낸 것이다. 그동안 내 짝지라고 생각했던 게 한순간 타인처럼 느껴지면서. 젠장 나보고 뭘 하며 웃으라고 이러나 싶어 갈등이 머물렀다. 다 맞는 짝이 어디 있냐며 속으로 천천히 나를 위로하며 머큐로크롬을 발랐다.

옷이나 신발을 살 때도 당연히 짝을 찾는다. 거울을 보고 자신과 맞지 않으면 짝으로 데리고 오지 않는다. 마음에 드는 짝이란 첫눈에 반해야 한다. 짚신도 짝이 있다는 말도 짝을 잘 만나면 짚신도 비단신이 된다는 의미일 수 있으니 사람들은 짝을 찾아내며 평생 살고 있는지도 모르겠다.

요즘 착각에 빠져 있다. 남편은 짝은 짝인데 다 닳은 고무신 같은 짝 같아서 새 짝이 어디 있나 하고 기웃거려 본다. 아들이 내 짝인 양 자꾸 궁금해 하며 묻고 귀찮게 하고 있다. 아빠랑 놀라고 눈치를 주지만 난 새 짝을 찾고 싶어 안달이 난 게다. 애지중지해야 되는 짝이 닳은 고무신인지도 모르겠다.

무엇이 새 짝인지 헷갈린다.

풋내기 농부

귀농을 흉내내는 게 마치 돌아온 싱글마냥 여유로움이 묻어나 있다. 교통이 좋아진 탓도 있겠다. 나만의 것이라고 울타리를 친다. 주말 체험 농장은 자연으로 돌아가는 데 한몫을 하고 있다.

농사를 짓는 것은 체험이 아니라 자식을 키우는 일이다. 논에 물 들어 가는 것과 자식 입에 밥 들어가는 게 가장 기분 좋은 거라고 어른들이 말했다. 체험 농장에서는 조기 교육이 없이도 농사꾼이 된다. 자연과 문화가 어우러져 전원 교육의 특권을 누린다. 자연이 인간을 변화시키려고 주말 농장이 생겼는지도 모르겠다.

밤부터 태풍이 온다는 일기예보를 들은 날 지인의 주말 농장을 찾았다. 장안사 부근의 녹수 계곡을 지나 멀지 않는 곳에 농장이 있다. 지인은 도착하자마자 농부같이 팔심을 드러내었다. 식탁에서 볼 수 있는 여러 채소들이 힘을 주고 있는 듯했다. 상추와 깻잎은 삼겹살 때문에 자라고 있는 듯했고 방아잎은 매운탕에 잠기기 위해, 싱싱한 고추는 다른 옷으로 갈아 입기 위해 물들어 가고 있다. 풋내기 농부에게 비위를 맞추며 씨앗은 숨지 않고 초록이 되어 자란다.

지인은 남편과 농장에 오면 서로 눈 마주칠 시간도 없이 일을 한다고 한다. 신바람 소리가 난다. 농부 같다고 했더니 농사를 지어도 돈이 들어오지 않으면 농부가 아니라고 한다. 주말 농장은 풋내기 농부에게 속고 있다.

흙속에서 자라고 있는 푸성귀들은 주말 농장에 찾아오는 사람들의 군소리를 듣고 자란다. 땅값을 물어 오는 사람도 있을 것이고 덜 컸니, 못났니, 탐스럽니 하는 소리도 듣는다. 푸성귀들이 고개를 뺐다 넣었다 하며 귀를 기울여보지 않을까 싶다.

사람의 소리와 달빛에 숨어 자라는 자연은 콧등을 시리게 한다. 자연을 모르고 자랐던 나이지만 흙속에 묻혀 있는 생명들은 이쁘다. 흙은 순수하다. 가짜 농부도 덩달아 순수해진다. 주말 부부처럼 만나고 떨어져 있어야 하니 행여 잘못될까 늦둥이처럼 길러야 한다. 풋내기 농부는 아슬

아슬하게 스스로 조기 교육을 받으며 녹색의 맛을 느끼고 있다. 빠른 걸음을 걷는 것보다는 천천히 자연으로 돌아가고 있는 체험 농장은 품새가 난다. 자연 그대로 먹어야 자연인이 된다.

물끄러미 농장을 바라본다. 주인이 심어준 자리에서 차렷 자세로 쭉쭉 서 있다. 흐뭇하다. 푸성귀는 사람의 말을 잘 듣는 편이다. 나는 자연을 얼마만큼 배신했을까. 어디 고물이 떨어지지 않을까 기다리기만 했었지 자연에게 배불리 해 준 게 없는 것 같다. 매일 마시는 공기, 길가에 서 있는 나무 한 그루에도 진심을 담아 반가워하지 않고 지냈다. 식목일 날 나무 한 그루 심을 마음의 여유도 없이 풋내기로 살았다.

해가 기울고 있다. 지인이 검은 봉지를 내민다. 필요한 만큼 푸성귀를 가져 가라고 한다. 상추를 쳐다보니 자꾸 삼겹살이 아른거리고 부추를 쳐다보니 밤에 비가 온다는 일기예보에 욕심이 난다. 조금만 담아야지 해놓고 어느새 손에 들고 있는 검은 봉지 속이 가득 찼다. 지인이 흘렸을 땀이 가득했다. 푸성귀와 해야 할 일을 염두에 두고 그 자리를 떠났다.

내 손에 흙을 묻혀 보지 않고서는 수고의 맛을 알 수 없다. 서둘지 않고 기다려야 잎의 옹알이를 들을 수 있다. 살짝 보여 주며 자라고 있는 얼굴은 파릇하게 돌아온다. 삶도 그러하다. 빨리 가고자 하니 자꾸 느려진다. 슬픔을 생각하면 더 슬픈 것만 보인다. 어느 날 쑥 자라 있는 푸성귀처럼 잡아당기지 않아도 튀어나와 눈을 뜬다. 질주하는 것보다 걷는 게 내 키에 맞다.

예상대로 비가 쏟아졌다. 농장에 있는 푸성귀들이 밤새 비바람을 잘 견딜까, 걱정이 되었다. 오래된 농부처럼 덧없는 생각들이 꼬리를 물고 있다. 어울리지 않는 나를 본다. 사는 방법은 다르지만 사람과 자연의 연리지를 생각한다. 한 가지가 되어 가는 나무처럼 서로의 상처를 치유하고 보듬어야 한다. 푸성귀가 식탁에서 만나는 일이 결코 우연이 아니다. 애초에 갈라져 있었던 게 아니라 보이지 않게 교감하며 마주보고 있었다. 사람과 자연은 고맙게도 함께한다.

건강을 위해서라도 푸성귀와 짝짓기를 할 수밖에 없다. 곧 태풍이 올 수도 있다는데 농장에 있던 푸성귀들을 집으로 다 데리고 올 걸 그랬다.

5.

십자가 앞에서

경계선에 머물다

지하도가 생긴 이후 다리 놓기가 시들해진 것 같다. 지하도가 다리인 셈이다. 지하도가 연결된 백화점이 더러 있다. 가죽구두 냄새와 차가운 귀금속 냄새를 맡았다. 이곳을 지나면 가지기 위함과 버려야 하는 존재감이 뒤엉켜 냄새들과 함께 속에다 집어넣는다. 뒤죽박죽 감정들이 경계선에서 떠오른다. 고요한 단추를 채우고 싶은 욕심이 지상과 지하의 오르내림처럼 참을성이 필요하다. 잠시 창문을 두들기다가 만 연인처럼 금방 스스로 기가 죽어 봄 마중을 나간 여인이 돌아선다.

꽃 피기 직전의 경계선에서 마음의 잔설을 털어내었다. 봄볕이 벚꽃을 끌어당긴다. 국어사전이 '봄은 벚꽃이다.' 라고 요약해서 말할 것만 같다. 벚꽃이 거리마다 지나다닌다. 아득바득 살고 있는 우리네 삶을 위로하고 있는 듯하다. 벚꽃의 혈색 때문에 봄과 겨울이 다른 이유를 한방에 느낄 수 있다. 겨울이 떠나간 흔적을 채우는 게 봄 나무들이다.

때때로 경계선에서 나를 들여다본다. 계절이 바뀌는 길목에서도, 누군가를 미워하거나 사랑하게 될 때에도 경계선을 만든다. 답이 없는 생각들도 스스로 위무하며 자연이든 사물이든 인연이 있다는 것을 알아차리고 선을 긋는다.

새로운 사람과의 인연이 닿으면 나도 모르게 이별을 먼저 생각한다. 인간관계는 살아갈수록 조심스러워 먼저 손을 내밀기보다는 미리 사래질을 친다. 나쁜 마음일 수도 있지만 단순하게 살고 싶다는 의미일 수도 있겠다.

경계선은 신호등을 바라보며 횡단보도 앞에 서 있는 기다림일 수도 있다. 잠깐의 호흡이 필요하다. 달아났던 기억을 주워오고 터무니없는 생각들을 버리기도 한다. 쉬었다 간다는 것은 삶에 대한 애착일 수도 있겠다.

오래전 어떤 일로 헤어졌던 친구를 만났다. 네 얼굴이 자꾸 꿈에 보였다면서 친구가 먼저 경계선을 허물었다. 더 젊어졌다고, 더 예뻐졌다는 말로 서로에게 갇혀 있던 마음을 풀려고 했다. 정지되어 있던 십오 년 세월이 어색하게 움직거렸다. 다시 보자고 말을 하지 못한 채 그냥 헤어졌지만 이미 우린 아슬하게 서 있었던 경계선을 뚫었는지도 모르겠다.

온 천지가 꽃이다. 피어야 할 때를 알고 피는 꽃이기에 그냥 피지 않고 기다릴 줄 안다. 친구와 나는 마주보며 때를 기다리고 있었다. 진작 넘어야 할 선이었지만 다리를 놓지 못했다. 가슴에 촉촉이 젖어 있었던 이름 석 자는 해마다 벚꽃처럼 떨어졌었다. 인연이란 만나야 할 사람은 꼭 만나게 되는가 보다. 영원한 만남도 없지만 영원한 이별도 없다. 인연은 가는 게 아니라 다가오는 것이다. 혹독한 겨울을 이겨낸 벚꽃이 다가온다.

삶에 경계선이 없다면 겉과 속의 분간이 없을지도 모른다. 이력서를 들여다볼 때나 면접을 볼 때에도 선이 생기고 사랑과 우정을 자르는 것도 선이 있기 때문에 단단해진다.

지금의 나는 단단한 경계선이 필요하다. 사람을 너무 좋아하고 술을 즐겨 마시기 때문에 나를 적당히 멈추게 하는 게 선을 긋는 일이다. 일을 할 때도 선을 긋는 일은 반복된다. 나의 직업상 집값을 조절할 때 서로 엉키고 있는 것을 기분 좋게 풀어야 인연이 맺어진다. 나와 손님과 집의 인연은 수없이 경계를 짓다가 풀어야 하는 것이다.

산을 좋아하는 사람은 어질다고 흔히 말한다. 너무 많은 사람들이 산을 찾고 있다. 산이 피곤하다. 아무 옷이나 입고 갈 수 있는 곳이 산이었다. 산은 결코 가식을 원하지 않는다. 산에 가려면 명품에 가까운 옷과 배낭, 신발, 선글라스까지 갖추어야 한다는 말이 들린다. 산이 복잡하다. 산의 빛깔보다 사람의 색깔이 더 짙어졌다. 사람과 자연의 경계선이 아리송하다. 산은 무슨 생각을 할까. 산이 인간이 될까 겁이 난다. 언젠가는 자연이 인간에게 오지 말라고 경계선을 긋고 외면할 수도 있지 않을까. 산은 부자를 원하지 않는다. 탐욕을 내려놓고 물 한 사발 그냥 마시고 가는 사람을 반길 것이다. 산은 가볍게 가야 한다. 배낭에 자연을 듬뿍 담아서 고마워 하며 내려오면 된다.

살면서 수없이 경계선에서 머뭇거리고 있다. 세상살이의 온갖 이치를 대변하고 있다. 희망과 긍정을 기어이 넘어본다. 비가 오면 비가 오는 대로 아스팔트 위에서 사람들은 인생을 배우는 선을 긋고 있다.

그래도, 나의 조국

이삿짐을 챙기는데 여러 개의 가방이 눈에 띈다. 가방의 쓸모는 다양해서 쉽게 버릴 수가 없다. 어떤 장소와 옷에 따라 빛깔과 크기도 달라져야 하니 또 다시 먼지를 털어서 보관한다. 가방은 추억의 냄새를 간직하고 있다. 가끔 들여다보는 사진첩처럼 가방 안에는 많은 이야기들이 들어 있다. 인연이 담기고 빠져 나가기도 했을 구겨진 종이돈 같다.

명품가방 하나쯤 있어야 진짜로 가방이 된다. 가짜 명품만 있는 나의 가방은 주인이 명품 같은 진짜라서 괜찮다고 말해 주지 않을까.

밤새 뒤척이며 잠이 오지 않았다. 새벽 다섯 시에 티브이를 켜니 애국가가 큰 태극기를 펄럭이며 우리나라 만세라고 노래한다. 애국가를 사 절까지 들어 본 게 얼마 만인지 모른다.

나의 조국, 왜 슬프다는 생각이 드는 것일까. 애국가가 끝나자 어제 뉴스 특보에 이어진 뉴스 특보도 밤새 뒤척이다 나온 것 같다. 국민이 원하는 특보는 뉴스 특보가 아니다.

세월호 침몰 사고는 아프다는 말로는 모자란다. 이 조국에 살다간 아이들한테 미안하다, 미안하다 이 말밖에 할 수가 없다니 가슴이 먹먹하다. 다시 애국가를 힘차게 부를 수 있을까. 다시 나의 조국에 정들 수 있을까.

그래도 떠날 수 없는 나의 조국 대한민국이 쓰라리다. 팽목항에서 바라보는 캄캄한 바다는 절규이다. 살 수 있었는데 살리지 못한 멀쩡한 목숨을 바다는 알고 있을까. 살아서 다시 만나자고 스승이 제자들에게 던진 문자메세지가 울컥 울컥 울분을 토한다. 침방울 튕기며 흥분해야 되는 것 때문에 살맛이 나지 않는다.

책가방을 잠시 던져 놓고 홀가분한 여행 가방을 메고 그들은 길을 나섰을 것이다. 잘 다녀 오겠노라고, 잘 다녀 올 것이라는 믿음이 진도 바다에서 영원히 잃어버린 가방이 되었다. 소중한 청춘이었던 명품가방이 사라졌다.

살기 위한 기다림은 어떤 것일까. 기도보다도 더 깊은 기도를 이 나라 조국에게 바쳤을 탑승객들을 생각하니 속이 상한다. 용서해 달라는 말을 할 수가 없다. 용서하지 말라는 말을 하게 된다.

그나마 나의 조국이 가짜가 아니길 바란다. 국민이 가짜 행세를 하더라도 나의 조국이 명품이니 괜찮다고 말해주면 진짜가 되어 살 수 있을 텐데. 그래도 살아가야 할 우리나라이니까, 우리나라 만세라는 애국가를 고칠 수가 없다.

내가 가지고 있는 가방처럼 조국이 여러 개 될 수가 없으니 그래도 나의 조국이니 진짜이다. 구겨진 내 마음을 펴서 그래도 '사랑한다, 사랑한다.'라고 내가 가방이 되어 말한다. 그래도 나의 조국, 그래도 희망을 담는다.

갈등

경계선

'누부야, 누부야.'라고 부르는 한 남자가 있다. 그와 나는 한 살 차이밖에 나지 않지만 꼭 그렇게 부른다. 두 사람의 대화는 주로 문자를 주고받으며 시간이 흘렀다. 가끔은 커피를 마시기도 했지만 만남보다 카카오 톡으로 소식을 묻는 게 더 많았다. 주고받는 문자에도 정이 든다는 것을 알았다.

경계선을 긋는다. 누부라는 호칭이 늘 그랬다. 어느 날부터인가 나는 경계선을 자르고 싶어서 호칭을 바꾸어 달라고 요청을 했다. 도망가는 방법을 호칭 하나로 미리 정해 놓고 그는 내 곁에서 서성이고 있다.

그는 이기적인 마음으로 내게 와 있고 나는 다른 셈법으로 그의 마음에 들어가고 싶어 했다. 복잡한 감정이 떠 다녔다.

밥 먹자 소리보다 '누부야.' 부르는 문자를 더 많이 한다. 그가 긋는 선과 내가 긋는 선은 다르다고 말하자 그는 대답 없는 혼자만의 언어로 침묵했다. 그의 갈등이 느껴졌지만 또 다시 '누부야 밥 먹었냐.'고 물으며 경계선을 잇는다. 경계선이 좋지도 싫지도 않다. 그러나 갈등이 없는 것도 아니다.

어느 드라마에서 악행을 거듭 저지르는 주인공한테 그만 멈추라고 충고를 하니 멈추는 방법을 잊어 버렸다고 눈물을 흘린다. 너무 멀리 와 버린 것이다.

경계선을 찾는 방법을 몰라 너무 오래 쥐고 있었다. 내 정신적 에너지가 더 이상 충전되지 않았다. 마지막 문자를 눌렀다. 그는 마지막 문자의 답을 주지 않고 마지막을 예감하게 했다.

슬픔 대신 마트에서 장을 보고 낑낑거리며 현관문 비밀번호를 누른다.

낙엽도 겨울이 거두고 갔다.

다이어트

밥상을 들여다보면 갈등 투성이다. 평생을 하는 말이다. 다이어트한다는 말과 그리고 실패했다는 말이 어색하지 않다. 다이어트의 시작과 끝은 평행선이다. 몸의 무게를 줄인다는 것은 내 의지를 높이는 일이다.

못할 짓이 다이어트하는 거였다. 날씬해지고 싶은 유혹에 흔들린다. 군살이 붙었다 나갔다 하는 사이에 내 살갗의 흔적은 증인으로 남는다. 멈추지 못하는 수필 쓰기처럼 살빼기는 어정쩡하다.

먼 나라의 난민들을 생각하면 미안한 일이다. 생각해 보니 내 몸에 살이 넉넉히 붙어 있을 때 삶의 기운은 더 있다. 다이어트를 했다고 느낄 때는 꼭 뒤탈이 생겼다. 아마도 살이 빠져 나간 상처이지 싶다. 그 상처에 들어간 가격이 꽤 된다. 하지만 본전도 못 찾고 손해만 본 기분은 뭘까.

원래의 내 몸이 기억하고 있는 몸으로 되돌아가기를 끝없이 원하고 있다. 나는 끝없이 달래는 일에 신경을 쓰지만 이득도 없다.

꼭 다이어트에 살빼기만 있는 것도 아니다. 수많은 인연을 만나면서 내 생각과 다를 때에도 필요하다. 상대방의 생각이 뒤늦게 옳다고 느낄 때에는 나의 고정 관념에 빼기를 해야만 했다. 잘 빼기만 하면 갈등도 없는 편안한 다이어트다.

살면서 더 하는 것만 생각했는지도 모르겠다. 살을 빼는 것과 생각을 빼는 것이 힘들기는 마찬가지다. 낡은 신발이 더 편하다. 조금씩 남겨 가며 사는 것도 좋지 싶다. 적당히 붙어 있는 군살과 적당히 버리는 생각이 좋은 풍경이 되어 시야가 밝다.

식후 커피 한 잔의 여유로움으로 갈등을 한다. 다이어트 참으로 힘들구나!

길

괴로운 것보다는 외로운 것을 선택할 때가 있다. 그녀가 그랬다. 내 앞에서 소리 내어 울지 않았고 오래전에 미루어 두었던 숙제를 끝낸 것 같았다. 그녀가 가야 하는 길이 어떤 길인지 알면서도 스스로 걷겠다며 길을 나섰다. 삶의 길목마다 고독이 머물 것이고 소리치지 않는 고뇌를 감수하며 살 것이다.

이혼녀가 되고 싶지 않은 여자. 자식을 핑계 삼아 자식 때문에 살고 있다고 말하며 사실은 살고 싶어 하는 여자. 이 모든 걸 그녀는 던져 버리고 두 아이와 함께 혼자가 되었다. 한때 사랑했던 적이 있었겠지만 때때로 참았던 시간이 더 이상 사랑을 넘지 못했다. 나는 결코 세상이 보는 눈으로 그녀를 보지 않는다. 누구나 한번은 길을 잃고 누구나 한번은 길을 만든다고 하지 않았던가. 사랑은 감정이지만 결혼은 현실이라는 말을 친구를 보며 알았다.

누구나 발효가 잘되는 길을 걷고 싶어 한다. 결혼식장에 들어서면 가까운 지인의 결혼식이 아니더라도 가슴이 뭉클해지는 경우가 있다. 이유를 알 수 없다고 생각했지만 아마도 아이를 낳고 산모의 진통을 알게 된 마음과 통하지 않나 싶다. 축복도 있지만 불평도 있는 길이기에 마음이 짠해지는 것 같다.

어느 해 미사가 끝나갈 즈음 주일학교를 지도했던 아가씨를 신부님이 소개했다. 모든 신자들에게 기도를 부탁한다며 당부하셨다. 수녀가 되는 길로 떠난다는 거였다. 그때도 나는 가슴이 뭉클했다. 여태껏 화장하고 청바지 입고 다녔던 그 길이 아니다. 저 길에 들어가서 잘 살 수 있을까. 모두 박수를 치며 기쁨을 나누는데 나만 허허로운 철장을 만들고 왜 가슴이 철렁거리는 것인지. 달빛을 보면 집에는 얼마나 가고 싶어질까 이런저런 생각을 한다. 참으로 나는 길을 모른다.

친구가 홀로 가는 길, 수도원에 들어가는 길에다 내 자신을 넣었다 뺐다 해 본다. 내 안이 시끄럽다. 지금 지지고 볶고 하며 사는 삶이 지칠 때도 있지만 이 길을 꽉 잡고 있어야 한다. 길을 터 줄때도 길은 눈이 있어 알고 있는 것 같다. 야무치지 못한 내 성품을 모를 리가 없다.

사무실 앞 대로변에는 버스가 길을 가고 바로 그 밑에는 지하철이 길을 간다. 슬픔도 데리고 가고 행운도 데리고 다닌다. 대체로 대중교통을 이용할 때 묵주를 손에 놓지 않고 기도하는 시간이 많다. 그럴 때마다 상대에 대한 기도보다 내 길만 터 달라고 기도했다. 그래서 내 기도는 길이 막혀 달리지 않는가 보다.

어떤 길을 가야 할지 고민할 틈이 없는 평범한 일상이 있는 길을 갔으면 한다. 길은 많지만 내가 갈 수 있는 길은 내가 알고 있다.

바꾼다는 것

바꾸고자 할 때는 늘 변명이 필요했다. 기도를 드릴 때 가장 많이 바꾸게 해 달라는 말을 되풀이하고 있는 것 같다. 신神에게 감동도 주지 않은 채 나를 기억해서 바꾸게 해 달라고 청원을 한다. 차라리 다듬어 달라고 부탁하는 게 더 양심적이지 싶다.

시력 교정을 받은 후 며칠간 딸 아이는 눈이 아프다고 징징거렸다. 병원에서 처방 받은 약으로 버티더니 오 일째 되던 날 웃음기 있는 표정을 지었다.

눈이 환해졌다. 눈을 바꾼 후 불편했던 예전의 짝지를 깨끗이 잊고 살게 되었다. 바꾼다는 것은 과거를 잊고 덮어버리는 일이다. 더 밝아졌으니 더 밝게 보아야 한다. 세상의 티끌만 더 밝게 보이면 곤란할 터. 밝아진 눈에 드러나는 마음의 티끌도 과거와 함께 덮어 없애야 한다.

때로는 의도적으로 바꾸어 나가야 할 때가 있다. 나도 모르는 사이 바꾸어질 때도 있다. 황당한 일에 어리둥절해진 경우도 있다. 식당에서 모임을 마친 후 다른 볼일을 보러 쏘다니고 있었다. 신발이 본인 게 맞느냐는 전화를 받았다. 신발을 내려다본 순간 아차했다. 어처구니 없는 일이었다. 나도 모르게 허탈한 웃음이 입 밖으로 튀어나왔다.

남의 신발이었지만 편안했던 발, 같은 색의 롱부츠 비슷한 디자인에 깜박했다. 덜렁대는 성미가 남의 신발을 신고도 내 것이 아니란 생각은 전혀 하지 못했다. 신발은 나보다 더 당황했을 것이다. 바뀌는 것도 한순간이었다. 의심하지 않았던 것은 발이 편안했다는 것이다. 편안하면 그냥 모른다.

신발 주인에게 고개를 숙였다. 순간 내 신발도 모르는 바보가 되었다. 발이 편안해서 몰랐다고 다급한 변명을 했다.

내 습관과 편견은 오랜 시간이 지났음에도 바뀌지 않는다. 유쾌한 그림도 아닌데 꽉꽉 붙들고 놓을 줄을 모른다.

진정 바꾸어야 할 것은 머리가 아니라 가슴이다. 멋모르고 빨리만 달리려는 페달이 아니라 찬찬히 가다듬고 살아야 하는 심호흡이다. 머리에서 가슴으로 내려오는데 칠십 년이 걸린다는 말을 들었다. 진정 바꾸지 말아야 하는 건

따뜻한 가슴이다. 새로 태어나든 북망산으로 가든 괜찮은 가슴 하나 잡고 있어야겠다.

현대인은 변화를 즐긴다. 경우 따라 남편도 바꾸고 얼굴도 싹 바꿔치기를 한다. 반들반들한, 잘 굴려야 하는 이쁜 공이 되기를 바란다.

뱃살에 붙은 군더더기를 떼어 내려고 복부 경락 마사지를 받으러 다닌다. 대충 아프다는 이야기는 들었지만 전문가한테 맡겨진 뱃살은 꼼짝도 못하고 두들겨 맞고 내가 대신 비명을 지르고 있으니 바꾸고자 하는 욕심에 피멍들고 있는 육체의 일부도 모른 척하며 눈 감고 있다.

나를 꼬드기는 건 남이 아니라 내안의 단단하지 못한 심지다. 뭐든 바꾸어 보라고 보챈다. 물러나지 않고 단단히 쥐고 있어야 할 것과 후려치며 바꾸어야 할 것도 있다.

좀 느긋하게 살고 싶다. 새 것만 좇다가 정든 것을 놓치는 우는 범하지 않아야겠다.

진정 무엇을 바꾸고 싶어 몸부림 치고 있는 것인지 내 안을 들여다보아야겠다.

사람에게

퇴근 후 집에 들어서자 술상을 차렸다. 냄비에 올려놓은 찜 만두가 익어 가는 동안 가슴의 울분을 삭히고 있었다. 둥글게 생긴 만두를 접시에 담아 소주 첫 잔을 마시려고 하는데 사람 얼굴을 하고 있다. 나를 쳐다보고 있다. 여러 사람의 얼굴이 나를 향해 쳐다보고 있는 것 같아 갑자기 겁이 났다.

사람은 사람에게 다가오고 한 사람인 나도 사람들과 함께한다. 사람을 만나 기쁜 날이 있는가 하면 사람을 만나 울분이 터지는 날도 더러 있다. 사람이 사람을 울리고 사람이 사람에게 웃음을 주기도 한다. 언제부터인지 목이 메이도록 사람에게 감동을 받아 본 적이 없다는 것을 알게 되었다. 아마도 나 역시 사람들에게 그런 사람이었을 것이다. 어느 시인은 사람은 싫지만 너만은 좋다고 하지 않았던가. 나만은 좋은 사람을 만나고 싶어, 네가 전부이고 싶은 사람을 만나고 싶어 사람들 사이를 서성거린다.

사람은 좋다. 단 한 사람을 쳐다보며 사람이 싫다고 한다면 때리는 사람보다 담아두고 있는 사람이 나쁜 거라고 책에서 읽었다. 물고기는 물과 싸우지 아니하며 주객은 술과 싸우지 아니한다고 했다. 사람 역시 사람과 싸우지 않는다면 즐거운 삶이 될 것이다.

기다림과 그리움 안에 사람이 있다. 어느 지인은 아내의 부재를 천년의 사랑이라고 카톡에 새겨 놓고 있다. 그리움은 사람에게만 있는 향기인 것 같다. 나에게 향기 나는 그리움이 얼마나 있는지 생각해 보았다. 가을 낙엽과 함께 영원히 돌아올 수 없는 곳에 가 있는 사람이 있는가 하면, 서로 그냥 그리움으로 남겨 놓은 친구도 있다. 오지 않는 사람을 기다리는 가슴 아리는 일도, 사랑했던 기억만으로 못 잊어서 오래 아파하는 일도, 사람이 사람에게 보내는 소중한 눈물이다. 목숨 바치는 일과 맹세하는 일도 사람이 사람에게 한다.

사람들이 단풍에 열광하는 계절이다. 단풍만 물들어 있는 것이 아니라 차려 입은 옷들이 더 물들어 있다. 산은 사람에게 무슨 고백을 하고 있을까. 산은 수행하는 곳으로 알고 있었지만 이제는 다르다. 침묵했던 산들이 사람의 깊이보다 더 깊게 혼란스러울 것만 같다. 산의 깊이도 사라지고 모노레일로 산에 오를 수도 있다. 산은 사람에게 오지 마라 하고 손 내저으며 기다림 같은 건 없을 것만 같다. 아니면 사람이 있기에 가을 산이 붉게 물들며 기다리고 있는지도 모른다.

자연은 요즘 사람에게 무슨 생각을 하는지 알고 싶다. 자연은 거짓말을 하지 않는다고 하지만 사람과 부대끼며 사람을 닮아가고 있는 자연도 조금은 하얀 거짓말을 할 것만 같다. 가짜 꽃도 피울 것만 같다. 계곡은 비음을 내며 사람에게 다가 오지 않을까.

세월이 흘러도 변하지 않는 건 사람은 사람에게서 치유받는다는 것이다. 어떤 슬픔의 끝도 어떤 행복의 시작도 사람의 마음에 달려 있다.

만두는 사람인 나에게 나보다 먼저 치유 받기 위해 사람인 척했는지도 모른다. 나는 지금 한 접시 만두 앞에 앉아 있다.

상실

1.

감전 사고로 팔을 잃은 중년 남자가 스스로 만든 팔로 운전도 하고 밝게 사는 모습을 보았다. 그는 잃어버린 것을 대신하여 삶의 확신을 가지고 있었다. 내가 본 것은 상실이었지만 그가 보여 준 것은 새로운 탄생과 순응이다. 내가 그였다면 분노했을 것이고 슬픔의 어둠 속에 머물렀을 것이다. 그는 벽 속에서 삶의 시련을 이기는 지혜를 복용했으므로 뼈아픈 상실은 없었다. 아픔을 어떻게 극복하는가를 가르쳐 주는 셈이다.

아들이 누군가에게 걸려온 전화를 아주 친절하게 받는 모습을 보며 누구냐고 물었다. 누구라고 얘기하면 엄마가 알기라도 하느냐는 대답이다. 엄마는 몰라도 된다는 뜻이다. 진정 알고 싶어서가 아니었다. 그냥 물어봤을 뿐인데 그냥 대답해 주면 될 것을 그냥도 못해 주는 아들이 섭섭해서 가슴에 구멍 하나 채우려고 밥을 두 그릇을 먹었다. 내가 가지고 있는 기준을 버리지 못해 상처를 받는다. 살아가면서 수시로 찾아오는 상실감이란 나를 경험에 놓이게 하고 나에 대한 연민이 더 아파서 우울한 적도 더러 있다.

갑작스럽게 누군가를 불러내어 아무 이야기나 하고 싶을 때가 있다. 폰에 저장되어 있는 번호들을 찾아 여기저기 전화를 걸어 보지만 약속이 맞지 않을 때는 소멸되어 있는 나 때문에 또 하나의 상실감에 부딪힌다. 일시적인 상실은 적응이다. 흘러 가는 것이다.

얼마 전 엄마와 자녀 세 명이 아파트에서 화재로 숨진 사건이 세상을 떠들썩하게 했다. 뉴스를 듣는 순간 말로는 표현할 수 없는 감정이 타들어 갔다. 가족이라는 이름을 빼앗아 갔다. 이보다 더 큰 고통도 역경도 잔인한 슬픔도 없으리라 생각하니 눈시울이 뜨거워진다. 이 무서운 현실을, 세상에 남겨진 아빠는 어찌 견디며 살지 함께 통곡하고 싶었다. 일시적인 상실이 아니라 인생을 흔들어 놓았기에 세월이 가도 뼈아픈 상실감으로 남았다.

제자가 공자에게 물었다. “죽음이 무엇입니까?” 그러자

공자는 "삶도 모르는데 내가 어찌 죽음을 알겠느냐." 라고 했다. 살고 있어도 사는 게 무엇인지 모른 채 살고 있다. 산다는 것은 삶을 알기 위해 사는 것이리라.

우리네 삶은 평생을 상실과 싸우고 있다. 부수고 다시 세우고 일시적으로 잠시 잃었다 적응하며, 자신을 채찍질해야 하는 경험을 찾아내며 산다. 남은 삶 중에 우리는 잃어야 하는 고통이 얼마나 더 있는지 모르겠다. 그때마다 스스로를 더 사랑해야만 세상과 궁합이 맞을 게다. 상실은 소중한 삶을 알게 한다.

2.

너가 아니더라도 사랑했을 텐데
너가 아니더라도 미워했을 텐데
빈 바가지에 너를 띄워 놓고
물을 마신다

어쩌자고
봄은 미치고 있는데

떨어진 땅꽃이
쳐다보고 있는데

잃어버린 것이 아니라
잊고 있던 고통
연민 한 조각이 붙는다.

십자가 앞에서

그대와 내가 특별한 사이라는 것을 아무도 몰랐으면 싶었지요. 바로 그때그때에 맞아야 할 종아리와 손바닥이 아직도 멀쩡한 걸 보니 특별한 사이니까 회초리 대신에 손안에 묵주 하나 쥐여 주며 타일렀지요.

그대 앞에 있으면 솜사탕을 물고 있는 아이이고 싶고 뚱딴지처럼 난데없이 많은 것을 지껄이게 되지요. 그대를 만나면 눈만 감고 있을 뿐 옆 사람이 일어서니 같이 일어서고 그대의 제자가 주는 빵을 넙죽 받아먹고 욕심이 한 가득 차 그대를 부르는 것을 좋아하지요. 식사 전에 그대를 아는 척 하지 않고 식사 후에는 더더욱 모른 척하며 그대를 숨기는 게 습관처럼 되어 버렸답니다.

어쩌면 좋을까요. 온통 마음을 그대에게 뺏기고 싶은 날도 많았는데 나는 아직 세상의 유혹이 더 신비롭고, 그대를 모른다고 하여야 누릴 수 있는 자유가 탐이 나니 정말 그대가 볼 때도 안타깝지요?

내가 그대를 잘못 찾아간 것이 아니라 어쩌면 그대가 나를 잘못 찾아와 자꾸 괴롭히고 있는 게 아닌가 싶어서 허락 없이 떠나고 싶었습니다. 그대에 대한 믿음이 부족하기에 내 삶이 차갑다고 마음 열지 않은 채, 강물처럼 흐르고 있는 기쁨 알아차리지 못하고 그대를 버리고 살고 싶었답니다.

얼마 전 다급한 마음에 먼 곳까지 그대를 만나러 갔었지요. 밤이 늦도록 그대를 불렀지요. 부르면 부를수록 애원할 게 많아지고 나를 알아달라며 매달리는 꼴이 끝이 없었지요. 해가 뜰 때 마음의 평화를 찾았고 그대의 뜻대로 될 거라는 걸 알았지요. 그대는 당연한 것처럼 애타게 주문한 것들을 내게 보내주지 않아 맥이 빠지긴 했지만 다행한 일인지 모른다는 생각이 들었습니다. 금방 보내 준 선물 꾸러미였더라면 기뻐하는 마음만 누린 채 그대의 쓴 잔을 알지 못하고 받아먹었을 테니까요.

그대가 매달려 있었던 고통의 십자가를 생각하면 내 고난은 고난도 아니며 내 안의 슬픔이 찾아오면 왜 나만 겪어야 하는 고통이냐고 원망하지 못하지요. 세상 허영에 마음 뺏기어 악을 쓰더라도 그대는 내 두 손을 잡고 놓지 않으리라 생각합니다.

이제는 그대와 내가 특별한 사이라는 걸 말해도 될까요? 그대와 나 사이를 알고서는 쑥덕거리지는 않을까요. 내 영혼을 깨끗하게 해달라고 나의 일상을 잘 부탁해도 끝까지 눈 떼지 않을 테지요. 자꾸만 응석 부리고 군말하는 나, 사는 동안 몇 번이고 그대를 모른다고 말 하더라도 그때마다 지치지 않고 흔들어 깨워 줄 그대. 결코 떠날 수 없는 나는 외아들이 매달려 있는 십자가를 바라보며 묵주 기도를 바칩니다.

엘리베이터

나보다 먼저 입장표를 받고 새 집에 들어가려고 아우성이다. 중국집, 구경하는 집, 가구상설 할인매장, 선반, 커튼 등 음식점 메뉴처럼 엘리베이터 안에는 손을 잡고 새 집으로 들어가려는 오종종한 풍경이다.

수직선을 타고 나 잡아 봐라, 라는 듯이 따라 다닌다. 엘리베이터를 타면 자연스럽게 메뉴판을 들여다보듯 눈으로 훑고 있다. 그래도 잠시 이사와 있는 메뉴들 때문에 나와 엘리베이터는 심심하지가 않다. 지금은 뒤섞여 있지만 곧 흩어져 갈 무질서들이 제 집으로 찾아 갈 날도 얼마 남지 않은 공간들이다. 새 집으로 이사 간다는 것은 새 신을 신어야 되는 것인 양 핑계를 만들어 새 발을 만들려고 한다. 새것은 잠시 스쳐가는 박하사탕 같은 것이다. 낡음에 대하여 먼지의 힘을 금세 알 수 있다.

엘리베이터 안에서 이미 말문을 튼 관계가 아니고서는 이웃과의 어색한 몇 초의 시간도 길게 느껴져 천장을 바라본다. 쓸데없이 옷맵시를 만지작거린다든지 아니면 거울에 박혀 있는 광고문구들을 슬쩍 보며 표정을 다듬는다. 엘리베이터 안에 있는 거울은 피할 수 없는 벽이다. 내 모습을 단박에 알 수 있어 징그럽게 세월이 얼굴에 박히며 기대없는 기억을 하게 만든다. 내성적인 사람은 아파트를 구입할 때 부러 엘리베이터를 타지 않아도 되는 층수를 고르는 경우도 있다.

한 번도 엘리베이터를 타보지 않은 사람은 없을 것이다. 튼튼한 다리가 되어주는 덕으로 높은 건물을 비탈길 없이 숨소리 내지 않고 수직 상승하는 것은 문명이 주는 동아줄이다.

바닷속에도 엘리베이터가 있다면 좋을 텐데 싶다. 사고가 났을 때 엘리베이터에 익숙한 우리들은 단번에 솟아올라 세상의 시간을 놓지 않아도 될 텐데 말이다.

나는 걸어서 갈 수 있는 곳에도 엘리베이터를 타려고 기다린다. 게으름과 더듬거림에서 빠르게 탈출하여 셀프커피를 마셔야 한다는 생각이 든다. 허공을 메고 다니며 그 틈새에 사람들이 움직인다. 아침을 실어 나르고 저녁을 실어 나르고 하루의 우울한 심상을 통과시키는 궤도를 돌고 있다. 문이 열리고 문이 닫힐 때마다 고맙고 고맙다. 두 발로 움직이며 올라가야 할 13층이 두 발을 잠시 쉬게 하고 가만히 타고 갈 수 있는 엘리베이터 때문에 미뤄 놓고 나온 설거지가 항상 조바심 태우지 않고 나를 기다려 주고 있다.

고장난 시계가 되지 않기를 엘리베이터에게 바란다. 내가 타고 온 엘리베이터가 삶의 표시를 남기며 하루하루 징검다리가 되어 건너오고 있다. 허공에 있는 이 다리는 텅 빈 나를 채워 주며 계속 실어 나를 것이다. 느리게 살아온 내게 그나마 지루하지 않게 각질을 벗겨준다. 천천히 걸어서 가라는 말에 눈을 감는다. 쉬쉬하며 빠르게 가는 걸음에 기대어 본다.

오늘도 나를 떠메고 13층까지 실어 나르는 공간에 내가 있다.

재래시장

마음이 어수선한 날에는 바람냄새를 맡으러 간다. 재래시장은 할머니같이 조근조근 말을 걸어온다. 대형마트에 진열되어 있는 물건들은 어쩐지 으시대는 것 같다. 재래시장의 비린내 나는 거스름돈이 싫지가 않다. 냄새 맡는 햇살이 되어 시장 골목을 헤매고 다닌다.

산다는 것이 무엇인가라는 질문의 답을 기가 막히게 말해주는 곳이다. 살고 싶다는 생각이 확, 밀려온다. 김이 모락모락나는 호박죽, 여러 종류의 떡과 과일도 탐스럽고 어느 것 하나 미운 게 없다.

다리를 끌며 시장바닥을 다니는 장애가 있는 단골 아저씨도 눈에 익어서 자연스럽게 맞닥뜨려진다. 모른 척하며 지나갈 때도 있지만 아이들과 있을 때는 지폐 몇 장 쥐어주며 생색을 내는 못난 아줌마일 때도 있다.

조선중엽 17세기 무렵 현재 구포1동 파출소를 중심으로 골목시장이 형성되었고 1871년 영남 읍지에 처음 구포 장으로 등장한 시장이 집과 멀지 않다. 부산 최대 5일장의 명성을 이어가고 있다.

구포장터에서 상인, 노동자, 농민등 1천200여 명이 참여했던 부산의 대표적 만세운동을 벌였던 곳이기도 하다. 3·1만세 운동 재현 행사를 통해 선조의 나라사랑 정신을 계승하고 지역 주민에게 애향심을 심어 준다.

'조금만 더 담아 주이소.'가 통하는 재래시장은 그래서 정이 간다. 한국전쟁 때 피난민들이 먹었다는 국수가 골방처럼 좁은 마루에서 마주하고 앉아 후루룩 소리를 내는 것 같다.

깔끔하게 정비된 요즘 재래시장은 마트 못지않게 이용하기가 편리하지만 예전의 따듯한 정을 찾기가 쉽지는 않다. 온누리 상품권으로 전국 전통시장에서 사용이 가능하고 찾기 쉽게 상권이 분류별로 형성되어 있다. 골목 같은 길이 정으로 이어지기를 바란다.

우리네 삶이 이처럼 골목길이 아닌 적 있었던가. 부스스한 머리카락으로 다녀와도 괜찮을 것만 같은 골목시장에 가기 위해 때묻은 장바구니를 잘 챙겨 둔다.

남편도 나랑 가는 재래시장 쇼핑을 최고로 즐긴다. 푸짐하게 안줏거리가 만들어지는 날이면 마치 없었던 정이 저절로 생겨나듯 정든 시장이 와락 다가선다. 수업료를 내지 않아도 되는 곳이다. 훌훌 불며 삼켜야 할 게 많아 작은 것 하나 쥐려고 했던 나 자신을 내려놓고 돌아온다.

역방향으로 갈 뻔했던 길에 가슴을 눌러 스스로 설명한다. '자, 보이지. 저기 저 생선을 파는 아주머니의 비린내 나는 앞치마를. 얼마나 열심히 살고 있느냐. 너는 얼마나 열심히 최선을 다했느냐.' 속으로 말한 메모지를 가슴에 붙인다.

대형마트로 인한 재래시장이 속앓이를 하고 있어 정부에서 대책을 내놓기도 했지만 여전히 재래시장은 인기가 없는 편이다. 대형마트에 일요일 휴무를 의무적으로 정해놓고 그 수요를 전통시장에 돌려 보지만 별 소득이 없는 것 같다.

나는 볕을 쬐러 가는 바깥바람이 좋다. 차가우면 차가운 대로 뜨거우면 뜨거운 대로 울퉁불퉁한 길도 좋고 사람만 다니라고 내어 준 전용도로가 마음에 든다. 닫힌 마음을 열고 두리번거리다 보면 뜻밖의 물건들이 외출 나와 반기기도 한다.

지글지글 삼겹살을 구워 먹고 싶은 날, 푸성귀들을 입 안 가득 넣고 어제의 속상한 것들을 단물이 나도록 씹는 내 마음은 어느새 재래시장에 가 있다.

촛불

촛불을 밝혀야 하는데 제대로 켜본 적이 없다. 마음은 수천 번 촛불 앞에서 서성거렸다. 신앙은 때로는 구속 같았고, 더더욱 형식이 필요한 곳에서는 더 그랬던 것 같다. 먼지가 뿌연 십자가와 켜지 않는 촛대는 늘 혼자이다. 나의 희망이, 절망이 촛불 속으로 들어와 보이지 않게 내 주위에서 맴돌고 있지는 않을까.

촛불을 켜고, 기도하는 일이 자주 있는 게 아니다. 그냥 보기 좋은 장신구마냥 두 개의 촛대는 십자가 밑에서 움직이지 못한 채 그대로 있을 뿐이다. 성경 한 구절 제대로 읽지 않으면서, 더 비겁한 것은 그래도 누군가가 신앙이 뭐냐고 물어 오면 곧 죽어도 가톨릭 신자라고 대꾸를 한다.

신앙을 제대로 지키지 못하고 있다. 켜지 않는 촛불은 자유롭지만 보이지 않는 촛불 속에 내 마음의 구속은 불을 켜고 있다. 언제쯤 내 먼지를 촛불 속에 집어넣어 태울 수 있을까.

촛불은 부담스럽다. 제사를 지낼 때도 그랬고, 성전에서 촛불을 바라볼 때도 그랬다. 미안한 마음이 내 안에 있기 때문이다.

언제부터인가 촛불 집회라는 게 생겼다. 성난 민심을 밝히는 정치적 행위다. 촛불과 간절함은 상통하는 것인가. 촛불은 트라우마에 빠져 자꾸만 태워진다. 촛불이 비춰지는 길대로 갔으면 좋겠다.

피아니스트 박지민 양은 한국의 모차르트다. 세 살 때 장난감 피아노를 가지고 놀았고, 다섯 살 때 피아노를 치기 시작했다. 시각 장애인 피아니스트는 새소리를 들으면 새가 되어 음반 위에 무늬를 놓는다. 지민이의 가슴 속에는 음악이라는 촛불을 태우고 있다. 엄하게 훈육만 했다는 엄마를 떠올리며 연주를 부탁하자 뜻밖에 부드러운 음률이 퍼졌다. 프로그램 게스트들도 울고, 나도 그 경이로움에 눈물이 났다. 지민 양의 엄마는 나는 잘 울지 않는다며 방송국에 나와 실수할까봐 걱정이 많았는데 지민이는 무대 체질인 것 같다며 애써 울음을 참고 있었다.

단순한 음악이 아니라 사람의 마음을 알게 하는 음악이

었다. 희망의 손가락이 촛불이었다. 세상을 보지 못하는 피아니스트는 연주할 때가 가장 좋고 행복하다고 한다. 건반 위의 열 손가락이 촛불이 되어 타고 있다. 귀로 듣고 있는 희망과 그리움을 촛불로 태우고 있다.

어느 시인은 사랑하는 동안 행복이 많아 겁이 난다고 했다. 나도 겁이 난다. 세상을 볼 수 있어 겁이 나고 세상을 보지 못하는 피아니스트의 음악을 듣고 있으니 후미진 내 가슴 때문에 겁이 난다. 볼 수 있어도 제대로 보지 못하고 인생을 살고 있는 게 아닌가 싶어서 가슴 한복판이 흐려온다.

12월 이른 아침 전화 벨 소리를 듣자 마자 먼저 알 수 있었다. 동생이 멍한 목소리로 남편의 죽음을 알려왔다.

어느 출판사 영업 직원으로 동생과 나는 만났다. 그녀는 언니 같은 동생이다. 나보다 부지런하고 남의 입장을 배려할 줄 아는 철이 많이 들어 있어 내가 동생 같을 때가 더 많다. 벌써 이십 년 세월 함께하고 있다.

설날 전에 동생과 나는 추모 공원으로 향했다. 한 번도 가본 적 없는 그곳은 드라마에서 보는 것과는 달랐다. 꽃 한 송이 가족사진 한 장 놓을 자리가 없는 평평한 벽이었다. 나사못으로 철저하게 닫혀 있는 벽이었다.

우리는 보통 명함 크기보다 조금 더 큰 벽에 붙어 있는 명함을 바라보았다. 아내와 두 아들의 이름이 박혀 있는 게 마지막 명함이었다. 동생은 남편의 사진이 들어 있는 명함을 쓰다듬었다. 남편을 만지듯 벽을 만졌다. 두 달 전에는 살아 있었던 동생의 남편이다. 나도 따라하며 속으로 말했다. 좀 더 천천히 가지 그랬냐고. 아프지 않는 곳에서 잘 살고 있냐고. 우린 변함없이 잘 지내고 맛난 것도 먹고 있노라고. 그러니 걱정하지 말라고. 내가 옆에서 항상 당신 아내를 보고 있노라고.

동생의 흩어진 마음이 천 갈래 만 갈래 벽만 바라보았다. 벽 앞에 와 있는 데도 가까이 볼 수 없는 벽이다. 아팠다는 비겁한 이유로 벽 안에 있었다.

동생의 남편이 암과 싸우고 있을 때 예전의 총각 때와는 달리 살이 많이 빠졌었다. 동생은 남편을 보고 마음이 설렌다고 말했다고 한다. 늘 그랬다. 동생은 내조를 잘하는 아내였고 경제적으로 아무리 힘이 들어도 웃고 있었다. 동생은 오랜 세월 촛불을 지니고 살았다. 꺼트리지 않는 촛불이었다. 그것마저 꺼버리면 무너질까 봐 가정의 버팀목이 되어 살았다.

가물가물한 촛불이 벽 속으로 사라졌지만 더 환하게 타

는 촛불이 동생을 지켜 줬으면 좋겠다. 하얀 나비 한 마리가 촛불 주위에서 날아다니는 걸 환상으로 보았다.

불

세상에서 불구경이 재미있다는 옛말이 있다. 왜 이런 말이 생겼는지 알 수가 없지만 불조심하자는 말이 더 강하게 끌어당긴다. 형광등 불빛도 불이라 하고 가스레인지에 켜는 불꽃도 불이라 한다. 다양한 불이다.

언젠가 철학관에서 사주를 본 적이 있는데 나더러 천지가 불이라고 했다. 내가 진정 불이 아니라 차라리 불꽃이라면 좋겠다. 불꽃처럼 타오르다! 얼마나 멋지고 느낌이 좋은가.

이십 년도 지난 일이다. 큰아이가 세발자전거를 타고 놀 때쯤 세 들어 사는 집에 불이 났었다. 돌이 지난 작은딸아이를 큰 방에 재워놓고 큰아이를 데리고 집 옆의 소아과에 다녀오는데 동네 친구들이 골목에서 내게 빨리 오라고 손짓을 했다. 우리 집에 불이 났다는 거였다. 처음에는 장난

치는 거라고 생각했지만 친구들의 표정을 살피니 놀라고 있는 게 틀림이 없었다. 전기 약탕기에서 사고가 터진 거였다. 다행히 주인집에서 빨리 발견하였고 가까이 살고 있는 친구가 우리 집 비상열쇠를 보관하고 있어서 문을 열고 들어가 작은아이를 구할 수 있었다. 그 후 불에 대한 선입견이 생겼다.

몇 해 전 아내와 세 아이를 잃었던 화재 사고가 생생하다. 불구경만 하고 있어야 하는 상실감이 더 큰 상처가 된다. 불은 한순간 가족이라는 이름을 무너뜨리고 만다.

가슴이 답답할 때 속에 천불이 난다고 흔히 말한다. 나도 가끔 천불이 난다. 요즘같이 어지러운 세상 때문에 천불이 나고 나를 이기려고 하는 강박감 때문에 내 안의 내가 보여서 천불이 난다. 그 불을 식히려고 찬물을 얼마나 많이 마셨던가. 또 상대에게 찬물 끼얹는 소리도 더러 했었다. 내 안에 모여 있는 이 불을 끄는 일이 예삿일이 아니다.

나는 양치기 소년처럼 엉뚱한 곳에서 '불이야.' 하고 외치고 있는지 모르겠다. 제대로 쓰임이 있는 곳에서 불도 타오른다. 불이 났을 때 소방관들은 절망보다 희망을 안고 벽을 오른다. 불속으로 들어설 때 의무와 책임감도 있겠지만 소방관들의 내면에는 무엇이 있는지 궁금하다. 흥남 부두의 레너드 라루 선장의 기적과 다르지 않아 생명을 살리는 일이 정말 세상에서 가장 따듯한 또 다른 불이 아닐까.

내 집에 불이 난 상처를 지불하고 나서야 절망적일 때 고마운 사람이 늘 곁에서 일해 주고 있다는 것도 알게 되었다.

꿈에 불이 보이면 재수가 있다고 하니 꿈속에서 불을 만나 태우고 싶다.

불은 어디를 향해 불어와야 하는가. 내면의 거울을 불속에 던져 버리고 싶다. 내 깊은 사유를 재미있는 불꽃으로 활활 승화시키고 싶다.

겨울 추위 탓으로 오늘따라 불 생각을 많이 한다.

(跋文)

새로운 인식을 바탕으로 한 정서적 반응

–수필집 《서울 남자》 독법

유 병 근(시인/수필가)

수필은 산문시의 의미와 근접한 의미로 말할 수도 있지 않을까 싶다. 그만치 수필은 시다운 분위기를 갖는다는 견해로 풀어봄 직하다. 산문문학인 수필을 두고 그냥 산문으로 구성된 문학이라는 견해에 굳이 이견을 달 일은 아니다.

그렇다고 모든 수필이 시다운 분위기를 가져야 한다고는 말하지 않겠다. 철저한 산문정신으로 일관하는 수필이 판세를 차지하는 수필세계에서 '산문으로 쓴 시다운 작품'이라는 언급에는 달리 이의를 달 수 없을 것이다. 어느 쪽이 수필다운 수필이냐고 꼬집어 따질 수도 없는 일이다. 이런 수필도 있고 저런 수필도 있다는 견해에서 하는 말에 지나지 않는다.

문학은 딱 부러지게 이것은 이것이고 저것은 저것이라는 판단을 감당하는 분야가 아님을 자타가 공인한다. 다만 이런가 하면 저런 것 같고 저런가 하면 이런 것 같다는 다소 애매한 것일 수도 있다는 것을 말할 수 있다. 그런 점 딱 부러지게 결정을 보자는 분야와는 거리가 있다. 알고 보면 문학은 그런 어중간한 속에서 어중간하지 않는 다양한 맛을 더욱 깊이 음미할 수 있는 분야가 문학일 것이라고 우겨본다.

수필집 《서울 남자》는 수필가 송숙의 작품집이다. 그러나 송숙의 손을 떠난 독자의 것이기도 하다. 작품을 읽은 독자는 나름대로의 느낌을 말할 수 있고 그 말에 토를 달 수도 있다. 지금 쓰고 있는 이 발문跋文이란 이름의 안내문 또한 그와 다를 것이 없다.

앞서 말한 시다운 분위기라는 언급을 이 발문의 한 요소로 삼고자 할 따름이다. 그것은 어떤 점 독자의 관심을 끌어가는 길이 될지도 모른다. 함으로 이 글은 수필집 내용이 이렇고 저렇고라는 안내문에 지나지 않는다. 작품집에 흔히 따르는 해설문이든 평설문이든 그것은 그 작품을 읽은 자의 감상이거나 인상비평에 그칠 수도 있다.

수필에 대해서는 이미 많은 평자들이나 학자들이 이런저

런 그럴싸한 정의를 매기고 있다. 그런데 그 정의란 것은 전체를 말하거나 부분을 말하는 경우도 흔히 볼 수 있다. 이 글에서는 그런 정의에 대해서 말하고자 하는 것은 아니다. 수필집 《서울 남자》가 어떻게 세상을 보고 있으며 그 세상을 어떻게 해석하고 어떻게 타합하며 살아가고 있는지에 대해서 관점을 두려고 한다.

부용동 2가 93번지

세계를 어떻게 보느냐는 수필을 어떻게 보느냐와 같은 맥락이다. 함으로 그 수필 속에는 수필가의 정신세계가 함축됨은 물론이다. 흔히 본 대로 느낀 대로 들은 대로 쓰는 문학이라고 말하는 수필은 그 언급에 도저한 책무를 갖게 된다. 어떻게 보느냐, 어떻게 느끼느냐, 어떻게 듣느냐가 먼저 따른다. 보는 것을 본 그대로 쓰는 것이 수필이다. 이렇게 단순하게 말을 해석하면 수필은 단순한 해석물에 지나지 않는다. 느끼고 듣는 문제 또한 이와 다르지 않다.

> 나이 들어 집을 잃으면 슬프다. 버틸 힘이 사라지는 것과 마찬가지로, 살아온 세월의 흔적이 된다. 집은 사람을 단박에 단정 짓는다. 집의 표정이 사람의 표정이다.
>
> –〈집으로〉 부분

수필가 송숙의 경우만이 아니다. 집이 사람을 말하는 것이나 다름없다. 하기에 '집의 표정이 사람의 표정이'라는 인식체계를 지울 수 없다. 집은 누구에게나 사람의 됨됨이를 말한다고 보아 지나친 말은 아닐 것이다. '마지막 누워야 할 집은 가장 작은 집'(상동)이란 걸 알면서도 집에 대한 욕망과 집착을 쉽게 버리지 못한다. 수필가 송숙은 다시 말한다. '식탁에는 집집마다 이쁜 꽃이 시들지 않고 그대로 있을 것만 같고, 냄새나는 된장찌개보다 스테이크가 준비되어 삶이 깔끔하게 정리되어 있지 않을까'(상동) 하는 생각에 잠긴다. 그뿐만 아니다. '집에 가면 토닥거리는 사랑이 있고 밥이 있고 김치가 있으면 될 것이다.'(상동) 이처럼 수필가의 꿈은 집에 대한 감상을 여러 모로 드러낸다. 그것은 삶의 뿌리이기 때문이다. 현대사회의 필수품인 집을 이야기하는 것은 비단 수필가 송숙의 염원만은 아닐 것이다. 집이 갖는 행복감은 인생의 행복임을 저버릴 수 없다. '세월의 흔적'이며 '집의 표정'에서 읽을 수 있는 몫을 생각하는 일 또한 심도 있는 수필읽기가 될 것이다.

이처럼 언급하는 수필가는 〈부용동 2가 93번지〉에서 태어나 자란다. 까마득한 계단이 있는 집이다. 그 계단을 오르내리면서 가위 바위 보를 익힌다. 그 계단을 오르내리면서 초등학교와 중고등학교를 다닌다.

몇 살쯤인지 기억이 잘 나지 않지만 발을 헛디뎌 계단에서 데굴데굴 굴러떨어졌다. 나를 따라 굴러가며, 잡아줄 수 없는 일이기에 보는 사람이 "아이고 어떻게…." 하는 소리와 함께 가만히 있는 멀쩡한 남의 집 대문 앞에다 머리를 박았다. 굴러가면서 내 생각도 굴러갔다. '죽는 게 아닌가….' 하고. 금방 머리에 혹이 나고 피가 났다.

—〈부용동 2가 93번지〉 부분

계단 중간쯤에 우물이 있는 집이 있다. 그 무렵에 수도가 없었다. 하루에 몇 번이고 양동이에 물을 이고 엄마는 계단을 오르셨다. (중략) 엄마에게 계단은 청춘을 함께한 길이다.

—상동

계단이 고마울 때도 있었다. 연애시절에 두 사람이 계단을 오르면 시간은 빨리 갔었고, 계단 중간쯤 되어서 나는 그만 내려가라고 재촉했고, 남자는 나머지 계단을 혼자 올라가야 하는 여자를 배려해서 한 칸이라도 더 가려고 했었다. 나는 혼자 내려가야 하는 남자에게 미안했지만 사랑이 채워졌다.

—상동

수필가 송숙이 지나온 삶을 계단과 함께 하고 있는 점이 특이하다. 계단에서 굴러 떨어지는 시절이 있었고 그 계단에서 젊은 날의 사랑을 키우기도 한 아름다운 추억이 깃든 곳이다. 그런가 하면 물동이를 이고 오르내리는 엄마가 보이는 계단이다. 계단에서 굴러 떨어지면서 '가만히 있는 멀쩡한 남의 집 대문 앞에다 머리를 처박은' 표현은 익살스러우면서 특이한 면을 보여준다. 고통은 때로 익살을 낳고 계단을 오르내리면서 속삭인 사랑의 말은 계단과 함께 단단하게 익어 간다.

누구에게나 계단은 힘든 곳이다. 그 힘든 곳에서 성장한 수필가는 지금 여기 《서울 남자》라는 의미 있는 수필집을 낳는다.

> 내가 결혼이라는 이유를 달고 동네를 떠났듯이 엄마도 떠나시고 안 계신다. 높고 가파른 계단과 평평하게 쭉 뻗은 신작로 사이에서 엄마와 나는 닮았다. 데굴데굴 굴러갔던 머리와, 양동이를 이고 오르셨던 머리가 닮았다. 장구와 꽹과리 소리를 다시 들을 수 없어서 닮았다.
>
> –상동

인생은 계단과 함께라는 말이 갑자기 입술을 비집고 나온다. 수필가 송숙에게는 '부용동 2가 93번지'는 잊을 수 없는 안태본이다. 여기서 말하는 '장구와 꽹과리 소리'는 다소 은유적인 의미를 담고 있다. 그곳 부용동 2가에서 들리던 민속놀이의 소리이기도 하다. 장구 소리 같은 엄마의 목소리와 꽹과리 같은 소리였을 화자의 목청이라면 어떨까도 싶다. 아니 장구소리 꽹과리 소리로 어울린 신명나는 마을이었다고 볼 수도 있겠다. 그 어느 것이라고 만약 못을 박는다면 수필독자의 독법을 방해하는 일이 될 것이다. 그런 점 수필 또한 시 구절을 읽듯이 다양하게 읽어 나갈 수 있는 대목이라고 말하고 싶다. 수필은 담백한 문학이라고 생각하는 측에서는 다른 견해를 달 수 있겠지만.

수필은 말한다. 잊을 수 없는 부용동 2가 93번지는 잊을 수 없는 엄마와 젊은 날의 추억이 고스란히 살아 있는 곳이라고. 어느 누군들 그가 태어나 자란 곳이 그립지 않겠느냐. 사람은 누구나 그의 마음속 깊이 '부용동 그가 93번지'를 갖고 산다.

진솔한 표출에 얽힌 씨알

시인 김상용은 시 〈남으로 창을 내겠소〉를 다음과 같이 읊는다. 굳이 이 시를 내세우는 이유에 대해서 이러니저러니 말하지 않겠다. 시가 그 까닭을 말하고 수필 또한 여기저기서 말하고 있기 때문이다.

남으로 창을 내겠소
밭이 한참가리
괭이로 파고
호미로 풀을 매지요

구름이 꼬인다 갈 리 있소
새 노래는 공으로 들으랴오
강냉이가 익걸랑
함께 와 자셔도 좋소

왜 사냐건
웃지오

수필가 송숙은 서울 태생인 훌륭한 낭군을 일생의 배우자로 만나면서 새로운 삶의 길에 들어선다. 수필가로 어엿하게 설 수 있는 추천작품인 〈서울 남자〉가 그것을 말한다. 덩달아 시인 김상용의 시가 이에 추임새를 먹인다고 봐 그다지 그른 말은 아닐 것 같다. '새 노래는 공으로 들으랴오/ 강냉이가 익걸랑/ 함께 와 자셔도 좋소' 같은 구절이 그렇다. 그 넉넉한 아름다움의 정신을 수필가 송숙의 언어로 대신하여 읽을 수 있다면 어떨까 싶다. "회사동아리 모임에서 자연캠페인이라는 이름으로 야유회를 겸한, 어느 사찰 부근에서 봉사활동을 했다. 모임의 회원 한분이 친구라는 남자를 사람들 앞에서 소개를 했다. 남자의 어투는 말끝이 올라갔다. 그런데 휴지를 줍는 내내 내 뒤를 따라다니며 말을 걸어왔다. 버스에 오른 다음에도 빈 좌석에 앉지 않고 내 곁에 서 있었다."(〈서울 남자〉 부분) 인연이란 이렇게 맺어지는 법인 것 같다. 덩달아 수필가 송숙의 추임새가 떠오른다.

경상도 오빠만 보고 자랐던 나는 서울 남자에게서 서울 냄새를 맡았다. 부드럽고 상냥한 말씨와 부엌에서 식사준비를 돕는 일과 자신의 작업복을 손빨래하는 것은 서울 남자의 몫이었다. 나를 심심하지 않게 배려하는 마음씨가 고마웠다. 주방에 서 있으면 뒤에서 살짝 끌어안고 간지러운 대사도 잘

했다. 너 없이는 못산다는 그런 표정이 영락없는 간드러진 연극배우였다.

—〈서울 남자〉 부분

신혼 무렵의 애정생활 묘사가 눈에 보일 듯 정답게 아름답다. 서울 남자는 다소 무뚝뚝한 경상도 남자에 비할 바가 아닌 듯하다. '서울 냄새', '부드럽고 상냥한 말씨', '뒤에서 살짝 끌어안고 간지러운 대사', '너 없이는 못 산다' 등의 말을 듣는 수필가 신부는 마냥 뿌듯한 행복에 젖는다.

"마누라는 안 훔쳐 갔네 뭐!"

—〈도둑놈〉 부분

재치 넘치는 정다운 반응이다. 이런 유머 같은 반응은 그냥 생기는 것은 아니다. 아내를 사랑하는 남편의 심정에 깊이 스며있는 애처사상이다. 신혼방에 도둑이 들어와 소중한 물품을 싹쓸이하듯 쓸어간 방 안을 보고 슬퍼하고 기막혀 하는 아내는 저녁 무렵 퇴근한 남편에게 도둑이 들어와 귀중품을 다 훔쳐 갔다는 말을 한다. 지혜롭고 애정에 가득 찬 남편의 반응은 뜻밖이라 할 만큼 신선하다. 이런 아름다운 결혼생활도 "어느새 20년 남짓 살았다. 내가 하지 않는 부산사투리를 서울 남자가 하고 화를 내지 않던 성미가 내 말이 채 끝나기도 전에 소리가 높아진다. 내가 어쩌다 삐져 있어도 안달하지 않는다."(〈서울 남자〉 부분) 이것이 세월의 흐름이다. 세월은 서로가 서로를 사랑하라고 있다.

> 머리를 살그머니 쓰다듬다가 나도 몰래 흠칫 놀란다. 어느새 머리칼이 희끗희끗하다. 흰 머리칼이 늘어날수록 서울 남자는 어느새 경상도 남자 냄새를 물씬거린다. 부산 가시나가 해주는 밥을 오래도록 먹은 탓일 게다.
>
> —상동

흡지는 종이에 떨어진 잉크를 빨아먹고 잉크를 먹은 종이와 동화된다. 오랜 결혼생활을 하면서 서로가 서로를 가장 잘 아는 소곤소곤한 사이가 된다. "어쩌면 이 남자는 본래 경상도 남자였는데 내 운명을 맞추느라 부러 서울 냄새를 확 풍기며 내게 와서 최면상태에 빠지게 된 것은 아닐까. 하지만 내 마음은 눈앞의 서울 남자 아니면 못 산다며 이불을 다독다독 덮어준다"(상동). 애정의 발로는 거기서 끝나는 것이 아니다.

> 하지만 어디에 두고 왔을지도 모르는 서울 냄새가 물씬거리는 여자를 혹 생각하지나 않을까. 자나깨나 불조심이라고 했다. 내가 서울 말씨를 익혀 그의 등 뒤에서 간드러진 콧소리라도 내고 싶다. 그러면 그가 말하리라.
>
> –아이구 징그럽다, 마.
>
> –상동

부부애의 극점이라고 할까. '서울 냄새가 물씬거리는 여자를 혹 생각하지나 않을까.' 하는 화자의 심정 속에서 남편을 위하고 사랑하는 마음의 아름다움이 배여 있다.

작품 〈서울 남자〉를 송숙 수필가의 대표작으로 꼽고 싶은 심정임을 감출 수 없다. 그것은 수필가의 마음이 진정으로 따뜻하게 내포되어 있기 때문이기도 하다. 그만치 진솔하고 그만치 담담하다. 그런 고백이며 표현이 돋보인다.

더불어 사는 세상 보기

송숙의 수필은 대상을 보는 새로운 시각이 특히 눈에 띈다. 모든 문학은 물론 대상을 보는 눈이 참신해야 되는 것은 불문가지다. 더구나 수필의 경우 아무 무게도 없는 너스레를 이야기하듯 풀어놓는 것은 수필로서의 품격에 그다지 알맞지 못하다는 것을 수필가는 이미 인지한다. 그럼에도 실제 작품에서는 그다지 의미도 없는 너스레떨기로 수필의 매수를 채우고 있음을 흔히 본다.

그러나 수필가 송숙의 경우는 대상을 참신하게 보고 느끼려는 노력이 확연하게 보여 믿음직스럽다. 그 보기를 찾아본다.

작품 〈너〉는 너가 무엇임을 끝까지 감춘다. 독자로 하여금 너라는 것이 무엇인가를 읽게 하고 찾아보게 한다. 독자를 유인하고 있는 이런 기법은 어떤 점 참신하다. 어떤 독자는 담박에 그것은 '돈'이라고 짚어낼 것이다. 혹은 '믿음', '사랑'이라고도 할 것이다. 하지만 여기서 가장 근사치에 이를 수 있는 해답을 풀어낼 수 있는 것이 수필 읽기가 아닐까 싶다. 일종의 수수께끼 같은 수필에 독자는 약간의 혼돈을 일으킬 수도 있다. 수필가는 그런 점을 노리고 있는지도 모른다. 수필은 진솔한 글이라는 언급을 들이댄다면 이런 기법은 자칫 위험하고 무책임한 수법이라고도 하겠다. 하지만 눈에 보이지 않는 시간, 눈에 보이지 않는 사상을 구체적으로 나타내고자 할 때 그 표현방식은 여러 갈래로 나타날 것이다.

너를 자유롭게 입, 출금하듯 내 영혼도 그리했으면 싶다. 누군가 비슷한 말을 했었다. 사람에 대한 배려와 사랑도 비밀번호 없이 듬뿍 찾아 쓰고, 미움이나 아픈 기억들은, 계좌번호 없이 적립시켜 숨겨놓았으면 싶다고.

―〈너〉 부분

여기에서 새삼 새롭게 읽어볼 수 있는 것은 '너'라고 하는 존재는 비단 금전 재물만은 아니다. 그것은 맑은 '영혼'이다. '사람에 대한 배려와 사랑'이다. 그런 "사랑은 청춘만큼이나 아름답다."고 술회하는 화자는 "노년의 사랑은 저녁노을처럼 아름다울 수도 있겠다. 녹록한 고운 말일 수도 있겠다."(〈연하의 남자〉 부분)에서 말한다. 다시 깨달음에 얽힌 문장을 몇 줄 더 짚어본다.

○ 서로 말은 하지 않았지만 침묵 속에 그리움과 삶에 대한 힘겨움을 토해내고 있었다. 아버지 옆에 비어 있는 엄마의 빈자리를 보며 삶과 죽음을 생각했다.(〈구순 엄마〉 부분)

○ 공원묘지에는 삶과 죽음의 통로가 있는 듯하다.(〈그릇〉 부분)

○ 물건은 잊어버리면 또 사면 그만이지만 엄마는 잃어버리면 살 수가 없다.(〈나무못〉 부분)

○ 비밀 번호를 바꾼다면 마음의 금이 가게 될지도 모르는 일이 될 것이다.(〈도둑놈〉 부분)

○ 우정에도 매듭은 너와 나의 사이에 줄타기를 하며 잇기도 한다. 깊이 서로를 들여다보지 않고 토라진 우정이 내게도 있다.(〈매듭〉 부분)

○ 가족이라는 단어보다 밥을 먹는다는 뜻을 지닌 식구라는 단어가 더 정감이 간다. 옛날에는 식구가 밥을 나누어 먹는 혈연으로 소중한 시간을 함께했었다.(〈밥〉 부분)

이상과 같이 수필집 《서울 남자》는 수필이 갖추어야 할 좋은 몫을 편편이 갖고 있다. 이런 몫을 찾아 읽는 것 또한 수필 읽기의 참다운 길이 될 것이다. 수필은 세계를 참신하게 보고 느낀 정서에 값하는 것이라고 볼 때 수필집 《서울 남자》는 그 몫을 톡톡히 하는 셈이다. 반가운 일이다.

작품과 작법

나무못

이관희(문학평론가)

|작법공부|

수필(에세이)는 본래 시, 소설 같은 창작문학이 아닌 일반 산문문학이다. 창작문예수필은 지난 근 5백년간의 에세이 역사를 통해서 그 한 가닥이 창작문학 쪽으로 진화되어 온 결과 나타나게 된 새로운 종류의 창작문학이다. 이 같은 사실을 처음 듣는 사람들은 말할 것도 없이 그 증거가 있느냐 할 것이다. 비평자는 지난 2007년 최초의 《창작문예수필이론서》를 내놓은 이후 오늘현재까지 줄기차게 그 증거들을 발굴하여 이론적 해석과 함께 세상에 내어놓는 일에 전력을 기울이고 있다. 본서 《창작문예수필- 작품작법》 발간 목적도 여기에 있다. 금호에 게재된 작품 하나하나도 모두 에세이의 창작문학 쪽으로 진화현상의 증거물들이다.

그 가운데 이 작품은 더욱 뚜렷하게 수필(에세이)의 창작문학 쪽으로 진화현상을 보여주고 있다.

이 작품은 일반산문문학 쪽에서 보면 '못에 관한 사색의 글'이라고 할 수 있을 것이다. 그러나 창작문학 쪽에서 보면 '못'은 이 작품의 원관념 소재인 엄마와 나와의 관계를 형상화해 주고 있는 보조관념 소재가 된다. 즉 이 작품의 원관념 소재는 엄마 이야기이고, 보조관념 소재는 못이다.

작품의 전반부를 읽는 동안은 이 작품이 전형적인 일반산문 주제에 관한 토의, 사색을 진행하고 있는 것으로 감상하게 된다. 그러나 작품의 중반부 이후 엄마 이야기를 읽기 시작하면 전반부에서 진행하여 온 못에 관한 사색이 엄마 이야기를 하기 위한 데에 있었음을 발견하게 된다.

종결문장을 읽고 났을 때의 감상은 일반산문으로 시작해서 창작으로 끝이 났구나, 하고 느끼게 된다.

일반산문으로 시작해서 창작으로 끝났다니? 어떻게 하나의 문학작품에 대한 그 같은 해석이 가능하단 말인가? 소설로 시작해서 시로 끝났다는 해석이 가능한가? 혹은 시로 시작해서 소설로 끝났다는 해석이 가능하단 말인가? 물론 그 같은 일은 낯선 일이다.

그러나 창작문예수필의 경우 현재까지 발견되고 있는 거의 모든 작품들이 에세이로 시작해서 창작으로 끝나는 수도 있고, 창작으로 시작해서 에세이로 끝나는 작품들도 있다. 어떻게 그 같은 일이 가능한가?

만약에 수필(에세이)의 창작문학 쪽으로 진화가 역사적 사실이라면 그 같은 현상은 오히려 당연한 일일 것이다. 왜냐하면 수필은 본래 일반산문문학이기 때문이다. 예를 들어 말하자면 올챙이가 개구리로 변하는 과정 중에 개구리 다리가 나왔는데도 아직 올챙이 꼬리가 떨어지지 않은 단계가 있지 않은가? 비평자가 지금까지 발굴, 발견하고 있는 수필의 창작문학 쪽으로 진화 단계는 바로 개구리 다리가 나왔지만 아직 올챙이 꼬리가 떨어지지 않은 단계임을 확인하고 있다. 거의 모든 창작문예수필 작품들이 올챙이 꼬리, 즉 에세이(일반산문) 꼬리를 달고 있는 작품들인 것이다. 지난 수년 동안 창작문예수필 이론을 계발하고, 또 몇몇 관심 있는 학생들에게 가르치는 일을 해 오면서 가장 어려움을 겪고 있는 부분이 바로 "올챙이 꼬리 떨어버리기"이다.

수필이 본래 시, 소설 같은 창작문학이 아니고 일반산문문학이라는 뜻은 수필가들의 뇌구조가 형상적이 아닌 개념

적으로 되어 있다는 뜻이다. 요즘 발표되고 있는 뇌과학의 예를 들어 말하면 수필가들은 우뇌(감성적 창조적)로 글을 쓰는 것이 아니라 좌뇌(이성적 논리적)로 글을 쓰는 사람들인 것이다. 그런 수필가들에게 갑자기 우뇌를 사용해야 되는 창작을 하자고 하니 잘 될 리가 없는 것이다.

그러나 이 작품에서 볼 수 있는 대로 수필가들의 머리가 변하고 있는 중에 있음을 확인할 수 있다. 즉 일반산문문학으로 시작해서 창작문학으로 끝나고 있는 그것이 수필의 창작문학 쪽으로 진화 현장인 것이다.

창작문예수필의 대표적인 기본작법은 〈소재에 대한 비유(은유 · 상징)창작 + 서사구성법〉이다. 이 작품의 원관념 소재는 엄마 이야기이다. 엄마 이야기에 대한 비유창작이 못 상징('엄마와 나의 인연을 연결해주는 나무못이 보이지 않는 촛불')이다.

구성법은 작품 전반부의 못에 관한 사색(사상)과 종결의 못에 관한 사색 사이에 엄마 이야기를 배치하는 액자 구성법으로 되어 있다.

송숙 수필집

서울 남자

인쇄 2018년 01월 11일
발행 2018년 01월 16일

지은이 송 숙
발행인 서정환
펴낸곳 수필과비평사
주소 서울시 종로구 삼일대로 32길 36(익선동 30-6 운현신화타워 빌딩) 305호
전화 (02) 3675-3885(063) 275-4000 · 0484
팩스 (063) 274-3131
이메일 shina2347@naver.com essay321@hanmail.net
출판등록 제300-2013-133호
인쇄 · 제본 신아출판사

ISBN 979-11-6084-053-7 03810

값 13,000원

이 도서의 국립중앙도서관 출판시도서목록(CIP)은 서지정보유통지원시스템 홈페이지(http://seoji.nl.go.kr)와 국가자료공동목록시스템(http://www.nl.go.kr/kolisnet)에서 이용하실 수 있습니다.
(CIP제어번호: CIP2018001227)